KB128007

너의 속이 궁금해

물건 속에 감춰진 마음의 단서

너의 속이 궁금해

글 정우열 | 그림 안다연

알에이치코리아

4

인간관계가 좋아지는
마음 관찰법

곽정은(칼럼니스트)

사람은 누구나 다른 사람의 마음을 읽고 싶어 한다.

그건 어쩌면 내가 더 많은 파워를 갖고 싶어서일 수도 있고,

상대로부터 무언가를 쉽게 얻고 싶어서일 수도 있다.

하지만 가장 큰 이유는 상대와 더 나은 관계를 만들고 싶어서가 아닐까.

솔직하게 서로 마음 깊숙한 곳을 열어 보이기가 수월하다면

수고스러움이 조금 덜어질지 모르지만, 산다는 것이 그리 단순치 않아

마음을 열어 보이는 것 자체가 쉽지 않다.

결국 우리는 아무리 친밀한 사이라 해도 원하는 만큼

상대의 마음을 들여다보기가 쉽지 않게 되는 듯하다.

게다가 그 과정에서 제대로 된 정보 없이 섣불리 남을 판단하거나,

혹은 자기 자신의 기대와는 다른 모습이 드러나면 우리는 때로 상대에게

실망하고, 분노를 투사하고, 더 잘 될 수 있는 관계를 망치기도 한다.

기자로 활동해온 13년간 사람을 대하는 법에 대해, 마음에 대해, 관계에 대해

다양한 분야 사람들을 취재해오면서 상대의 마음을 알아내는 법이라든가,

상대가 어떤 타입인지 분석하는 법에 대한 많은 기사를 써왔지만

내게 사람을 만나는 일은 여전히 긴장되는 일이다.

정우열 원장의 이 책은 사람을 관찰하고, 그 과정을 통해

이전보다 더 명쾌한 관계를 만들어가고 싶은 이들에게

심플하고도 흥미로운 길잡이가 되어준다. 본래는 자기 자신을 해석하는

명쾌한 도구로서 만들어진 책이었지만, 관계에 대해
오랫동안 다양한 작업을 해온 내게 이 책은 더 좋은 관계를 만들어가고 싶은
이들을 위한 책으로 읽히는 것을 어쩔 수 없다.
이 책을 통해 나를 새롭게 발견하는 것도 좋지만, 나와 긴밀한 관계를 맺고 있는
사람의 평소 행동을 대입해보는 것도 충분히 가능한 일이다.
이 책은 결국 누군가를 알아나가는 과정에서 맞닥뜨리는
작고 사소한 상황들을 예민하게 관찰한다면 그 안에 어쩌면 꽤 중요한 실마리가
있을지 모른다고 이야기하기 때문이다.

한 가지 기억해야 하는 건, 누군가를 제대로 관찰한다는 것 그 자체에
포함되는 노력이다. 자신의 마음도 확신할 수 없고,
상대의 마음은 더 확신할 수 없는 사회. 타인에 대한 착취나 억압,
혹은 그저 '남들처럼 비슷하게 살고 싶은 욕망'이
사랑으로 오해되곤 하는 사회에서 사람들은 누군가를 제대로
관찰하는 일 자체를 두려워하고, 힘들어하기 때문이다.
누군가를 진지하게 바라보고, 관찰하는 시간 속에서 나를 발견하고,
상대를 발견하고 그래서 더 좋은 인생의 순간을 만들고 싶은 모든 사람에게,
쉽고 명쾌한 지침서로 이 책이 많은 사랑을 받기를 기대해마지 않는다.
나를 알고 싶고, 좋은 관계를 만들고 싶은 우리 존재 파이팅.

당신의 가면 속이 궁금해!

우리는 늘 바쁘다.
바쁘다는 게 진짜 바빠서일 수도 있지만
가만히 있는 시간을 못 견뎌서 스스로 바쁜 삶을 선택하는 걸 수도 있다.
지하철에서도 버스에서도 아무것도 하지 않고
가만히 있는 사람을 찾아보기 힘들다.
예전엔 책을 보거나, 잠을 자거나, 넋 놓고 있는 사람도 종종 있었지만
요즘엔 거의 대부분 스마트폰을 들여다보며 끊임없이 뇌를 사용하고 있다.

잘살기 위해서는 자기를 잘 알아야 한다.
하지만 사람들은 자기보다 타인을 더 알고 싶어 하고
여럿이 모여 공통된 관심 인물에 대한 험담을 늘어놓으며
스트레스를 해소하곤 한다.
자기를 알기 위해서는 잠시 멈추고 넋 놓고 앉아
지난 행동을 돌아보며 그때 자기 생각과 감정이 어땠는지를 성찰하는
시간이 반드시 필요하다.

심리 상담을 할 때마다 깨닫는다.
사람들은 자기를 가장 잘 알 수 있는 단서들을 이미 충분히 갖고 있다.
그 사실을 인식하지 못하거나 혹은 자기에게 관심이 없는 것일 뿐이다.
자기를 가장 잘 아는 사람은 자기 자신이다.

상담자는 그 사실을 깨달을 수 있도록 도와주는 역할을 할 뿐이다.
자기를 알아야 상사 동료 부모 친구 등과 부딪히는 이유를 알 수 있다.
그래야 불필요한 힘을 빼고 자연스러운 관계를 맺을 수 있다.

자기를 잘 알 수 있는 단서 중 하나가 즐겨 쓰는 물건이다.
사람들은 물건을 선택할 때 생각과 감정을 담는다.
무의식적이든 의식적이든 자기를 표현하고 싶어 하기 때문이다.
자기 정체성을 추구하려 하는 게 인간의 본능이다.
한 사람의 취향을 반영하는 물건은
성격을 보여주는 단면일 뿐 아니라 심리를 표출하는 수단이다.
물건이 말하는 취향을 통해 자기를 이해하고 인간관계의 갈등을 줄이며
더 나아가 자기 내면을 들여다볼 필요가 있다.

사실 나는 점술가가 아니기에 환경과 배경을 알지 못한 채
한 가지 단서만으로 개인의 성향을 정확히 정의하기란 힘들다.
제한된 범위 내에서 개인의 모든 성향을 이분해 설명하는 것도 불가능하다.
그런 면에서 '모 아니면 도' 방식으로 이분한 이 책은 어찌 보면
억지로 끼워 맞추는 것에 불과할 수도 있다.

하지만 그렇게라도 해서 한번쯤 자기를 돌아볼 수 있다면
심리적인 면에선 그 자체로 큰 의미가 있을 것이다.
각각의 항목에 자기를 끼워 맞추는 과정에서
자기에 대해 고민하는 시간을 가질 수 있기 때문이다.

남에게 보이고 싶은 내 모습과 아무도 모르는 내 모습 중
어느 쪽이 진짜 자기인지 몰라 혼란스러워하는 사람이 있다.
이런 사람은 심리 테스트 결과가 남에게 보이고 싶은
내 모습에 불과하므로 온전하게 신뢰할 수 없다고 말한다.
정답은 남에게 보이고 싶은 내 모습과 아무도 모르는 내 모습 둘 다 자기다.
그러므로 두 가지 모습을 모두 인식해야 한다.
현대인이 자주 접하는 물건을 단서로 삼은 이 책을 통해
둘 중 어느 쪽이든 인식하는 기회가 되길 바란다.

2장 기계의 심리학

3장 관계의 심리학

1장
물건의
심리학

1.
가십

가십은 대화의 활력소가 된다.
하지만 지나치게 가십에 관심을 갖는다면
남의 일에 온 신경을 집중하면서 정작
자기 마음을 들여다보는 일은 회피하고 있는 것이다.
자기를 이해하지 못하면 남을 제대로 이해할 수 없으니
내면의 갈등을 해결하기 위해 가십 대상을 비난하는
악순환이 반복된다.

17

2.
공부하는 장소

도서관

감각적인 자극이 없을 때에 효율적으로 일할 수 있는 사람이다.
주변 분위기에 따라 집중하는 정도가 달라지고
쾌락에 대한 욕구나 충동을 참지 못하는 사람이다.

카페

활기가 넘치고 혼잡한 분위기를 즐기고
감각적인 자극이 없으면 지루해하거나 집중하지 못하는 사람이다.
지속적으로 자극이 주어질 때에 내적 에너지가 넘치게 된다.
한곳에 주의를 집중하지 못하고 분산될 때에 오히려 효율성이 큰 사람이다.

3.
책상 정리정돈 상태

깔끔하다

흔히 자기 관리가 철저한 사람이라 생각할 수 있지만
오히려 내면이 복잡한 사람일 수 있다.
책상 정리에 강박적으로 집착한다면
마음속에 해결되지 않은 문제들이 복잡하게 얽혀 있을 수 있다.
이런 사람은 복잡한 마음을 정리하기 위해 일부러
지저분한 책상을 정리한다.

지저분하다

천성이 게으르고 지저분한 사람도 있지만
매우 바쁜 일에 몰두하고 있을 수도 있다.
책상 상태와 무관하게 자기 일에 집중할 수 있는 사람이다.
이런 사람이 창의적이라는 연구 결과도 있다.

4.
회사 책상과 집 책상의 차이

회사 책상과 집 책상의 정리정돈 상태가 차이 나는 사람이 있다.

차이가 크다

집과 달리 회사에선 책상 정리정돈을 잘한다면
타인의 시선을 의식하는 사람이라는 뜻이다.
대개 아랫사람보다 윗사람에게 잘 보이려고 한다.
지위 고하에 민감하고 권위적인 성향일 수 있다.

차이가 작다

원래 정리정돈을 잘하거나 혹은
원래 정리정돈을 안 하는 스타일이다.
적어도 윗사람을 의식하지 않으므로
권위적인 성향은 아니다.
지나치면 윗사람의 눈치 보지 않는 성향
때문에 주변 사람들이 힘들어할 수 있다.

5.
책이나 영화 보는 취향

한 가지 장르만 본다

감정적인 경험을 중시하고
심미적인 것에 심취하는 성향이다.
해야 할 일보다 하고 싶은 일을
먼저 하는 사람이다.
하지만 다양한 사람들과 소통하는 데
어려움을 겪을 수 있다.

다양한 장르를 본다

호기심이 많고 새로운 경험을
좋아하는 성향이다.
생각의 폭이 넓고 창조력과
상상력이 뛰어나다.
하지만 정작 자신의 관심 분야를
파악하지 못하고 있을 수도 있다.

A B C D E F

6.
카페에서 앉은 자리

카페에 들어갔는데 빈자리가 많아
아무 데나 앉을 수 있을 때에
주로 어떤 자리를 선택하는가?

중앙

중앙에 앉는 것을 두고 자기과시욕이 강한 사람이라
해석할 수 있지만 다른 관점에서 해석할 수도 있다.
남을 의식하지 않고 자기 세계를 유지할 수 있는 사람이라 볼 수 있다.
타인과 물리적, 심리적 거리가 가까워도 크게 불편해하지 않는다.

물리적 거리는 심리적 거리를 반영한다.
이런 사람은 남을 의식하지 않아 크게 영향을 받지 않는 면도 있지만
한편으로 평소 인간관계에 무관심하고 무신경하다고 볼 수 있다.
굳이 거리를 둘 필요가 없는 것이다.
자기 세계를 유지할 수 있는 장점이 있는 반면에
그만큼 타인을 배려하지 못해 상대를 불쾌하게 만들 수도 있다.
상대가 물리적, 심리적 거리를 적절히 유지하며
자기 영역을 지키려는 타입일 때에 특히 그럴 수 있다.

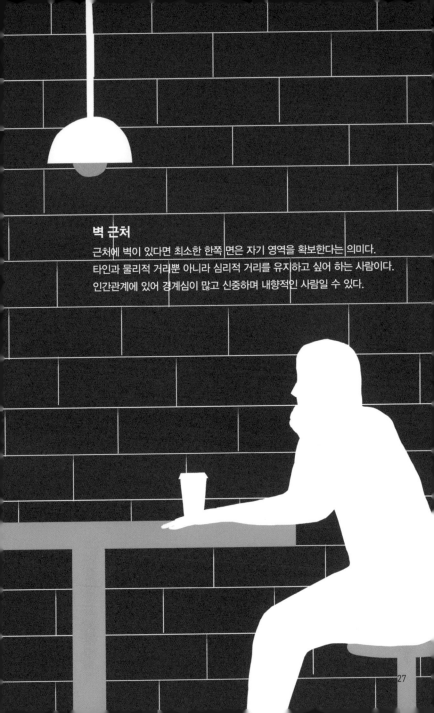

벽 근처

근처에 벽이 있다면 최소한 한쪽 면은 자기 영역을 확보한다는 의미다.
타인과 물리적 거리뿐 아니라 심리적 거리를 유지하고 싶어 하는 사람이다.
인간관계에 있어 경계심이 많고 신중하며 내향적인 사람일 수 있다.

7.
모임에서 앉은 자리

모임에서 앉은 자리는 물리적 위치에 불과하지만
그 모임에서 차지하는 심리적 자리를 유추해볼 수 있다.

출입구

들어가자마자 출입구에서 가장 가까운 자리에 앉는다면
성격이 급한 사람일 수 있다.
출입구는 소속과 비소속의 경계를 의미한다.

'내가 과연 이 모임에 익숙해질 수 있을까?'
'내가 과연 이 모임에 어울리는 사람인가?'
'이들이 나를 모임의 일원으로 받아들여줄까?'
이런 의문을 무의식적으로 품을 수 있다.

모임의 일원으로서 정체성의 문제일 뿐이지만
자기 확신이 부족한 사람일 수도 있다.
긍정적으로 보면 적응력이 좋다고 할 수 있다.
모임에 한쪽 발만 들여놓은 상태로 볼 수 있으며
변화에 발 빠르게 대처하는 사람이다.

안쪽

어느 분야든 한번 발을 들여놓으면 쉽게 포기하지 않는 사람이다.
매사 신중한 성향인 반면에 어물어물 망설이기만 하고 결단성이 없다.
변화에 발 빠르게 대처하지 못하지만
한편으로 한번 내린 결정을 진득하게 유지하는 인내심이 있다.

8.
손글씨 쓰기

ASCENDING SCRIPT
PRESENTS EXITED

STRIC

GENE

DESCENDING SCRIPT
PRESENTS DEPRESSED

문장 기울기

뒤로 갈수록 글씨가 점점 올라간다면 기분이 고양된 상태고
반대로 글씨가 점점 내려간다면 기분이 우울한 상태다.

글자 크기

글자 크기가 크면 외향적인 성향이고
글자 크기가 작으면 내향적인 성향이다.

TYPE THAT IGNORES ABOUT OTHERS FEELING.

글자 간격

글자와 글자 사이 간격이 넓으면 자기에게 관대한 편이고
글자 사이 간격이 좁으면 자기에게 엄격한 사람이다.

O U S

INTROVERT

TYPE THAT CARES

?

줄 간격

줄 간격이 넓다면 행여 남에게 피해를 줄까 신경 쓰는 성향이고,
줄 간격이 좁다면 남을 크게 신경 쓰거나 배려하지 않는 성향이다.

ABOUT OTHERS FEELING.

9.
여가 생활 즐기기

영화를 보거나 여행을 떠날 때
혼자 가는 사람과 반드시 친구와 가는 사람이 있다.

혼자 논다

관계보다 그런 행위 자체에 의미를 부여하는 자기중심적인 사람이다.
혼자 있는 시간을 통해 자기를 성찰하고 감정 상태를 돌아보는 여유가 있다.
남의 시선을 지나치게 의식한 나머지 인간관계에서 상처를 받아
그런 경험을 사전에 차단하는 것일 수도 있다.

친구와 함께 논다

사색을 하거나 복잡하게 생각하는 걸 싫어하는 사람이다.
혼자 있는 시간을 스스로 불편하게 여기고
혼자라는 걸 다른 사람이 어떻게 여길지에 대해 지나치게 의식한다.

10.
여행하기

배낭여행

효율성보다 자율성을 중시하는 사람이다.
시간과 비용 등 현실적인 제약이
따르는 데도 배낭여행을 고집한다면
이상주의자일 가능성이 크다.
유명 관광지보다 잘 알려지지 않는
명소를 찾아다니며
현지인의 삶을 맛보고 싶어 한다.
단체 활동으로 맺는 피상적인 인간관계를
불편해하고 피하려 한다.
관계에 민감한 만큼 남을 배려하는 마음이 크다.

패키지여행

자율성보다 효율성을 중시하는
사람이다.
시간과 비용 면에서 합리적인
선택을 하는 현실주의자일 수 있다.
단체 활동으로 맺는 피상적인
인간관계를 크게 불편해하지 않는다.
관계에 둔감한 만큼
스스로는 편할 수 있으나
배려심이 부족해 주변 사람들이
힘들어할 수 있다.

11.
쇼핑하기

마트에 간다

마트에 가는 행위는 단순히 물건을 구입한다는 것 이상의 의미를 지닌다.
다소 효율성이 떨어지더라도 몸으로 직접 체험하는 과정을 중시한다.
반복되는 일상에 쉽게 지루함을 느끼고 새로운 자극을 추구하는 성향이다.

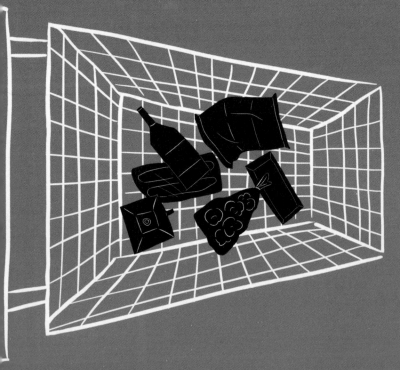

인터넷에서 주문한다

쇼핑의 목적을 단순히 필요한 물건을 구입하는 행위에 국한하는 사람이다.

새로운 물건을 고르는 것보다 기존에 사용하던 물건을 계속 사용하는 걸 선호한다.

신중한 성향으로, 한번 결정하면 쉽게 바꾸지 않는다.

계획한 대로 실행하고 충동적으로 행동하지 않는다.

12.
음악 듣기

최신 음악을 즐겨 듣는다

새로운 것을 추구하려는 욕구가 강하고 창조적인 사람이다.
미지의 것을 갈망하며 호기심과 상상력이 풍부하다.
현재 생각과 감정이 부정적이거나 우울하거나 불안하지 않다.

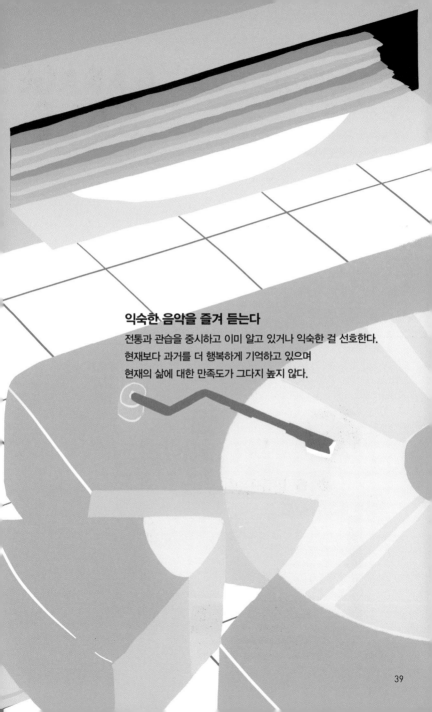

익숙한 음악을 즐겨 듣는다

전통과 관습을 중시하고 이미 알고 있거나 익숙한 걸 선호한다.
현재보다 과거를 더 행복하게 기억하고 있으며
현재의 삶에 대한 만족도가 그다지 높지 않다.

13.
중고품과 신상품 선호도

중고품을 사면 비싼 물건을 저렴하게
구입할 수 있다는 장점이 있다.
그럼에도 불구하고 중고품을 무의식적으로
꺼려하는 사람도 있다

중고품을 산다

중고품을 자주 사는 사람은 중고품으로 파는 것도 선호한다.
물건을 물건일 뿐 언제든 사고팔 수 있다고 생각하며
물건에 별다른 애착을 갖지 않는 사람이다.
취향이 자주 바뀌어 끊임없이 물건을 사고파는 사람도 있다.

신상품을 산다

남이 사용하던 물건을 사용하는 걸 찝찝해하는 사람이다.

더러운 것에 대한 강박관념에 사로잡혀 있을 수도 있다.

물건에 사용한 사람의 영혼이 담겨 있다고 믿는 마술적 사고를 가질 수도 있다.

이런 사람은 특정한 징크스에 취약한 경향이 있다.

14.

물건에 대한 집착

물건은 물건일 뿐이지만, 물건을 자기와 동일시한다면
그것은 더 이상 물건으로 그치지 않는다.
좋은 물건을 저렴하게 입수하면 만족감을 넘어
극도의 희열을 느낀다.

물건에 집착한다

마음이 허전할 때마다 새로운 물건을 사서
허전함을 채우는 사람이다.
물건을 자기와 동일시하는 건
마음이 허전하다는 단적인 증거다.
'득템'에 집착한다면 자기 마음을
들여다보라는 신호로 받아들일 필요가 있다.

물건에 무신경하다

자기 세계가 뚜렷하고 자기 확신을
갖고 있는 사람이다.
하지만 타인의 감정에 공감하지 못해
어려움을 겪을 수 있다.

15.
손버릇

대화 중에 끊임없이 뭔가를 만지작거리는 사람이 있다.
그런 사람은 상대의 말에 반발하고 싶은 마음을 갖고 있을 수도 있다.
말하고 싶지만 말할 수 없는 상황이거나 위치일 수 있다.
뭔가를 만지작거리면서 억압으로 인한 스트레스를 풀고 있는 것이다.

16.
웃을 때 취하는 행동

옆 사람을 때린다

자기를 알리고 싶어 하는 사람이다.
타인에게 인정받고 싶은 욕구가 크다고 볼 수 있다.
상대가 자기 말에 동의해주기를 바라고
자기만의 개성을 추구하는 성향이다.

손뼉을 친다

웃음의 효과를 높이기 위한
무의식적 행동이라 할 수 있다.
자기감정에 충실한 사람이다.

17.
좋아하는 컵

커피 마실 때 일회용 컵과 머그잔 중 어느 쪽을 선호하는가.
환경오염에 대한 인식이 투철하여 머그잔을 고집하거나
혹은 머그잔의 세척 수준에 의구심을 가져 종이컵을 고집할 수 있다.

일회용 컵
편리하고 합리적인 걸 추구하는 현실적인 사람이다.
계획에 변화가 생길 때에 언제든 커피를 들고 이동할 준비가 되어 있다.
그만큼 변화에 발 빠르게 대처할 수 있지만 여유가 없다.

머그잔

커피는 머그잔에 마셔야 제 맛이라 여기는 낭만적인 사람이다.
조금 무겁고 불편하더라도 이상적인 걸 추구한다.
커피를 다 마실 때까지 커피숍에 머물 수 있는 여유가 있다.
이제 막 커피를 따라놓은 머그잔의 온기를 좋아하는 만큼
외로움을 많이 타기도 한다.

18.
머그잔 들기

손잡이를 쥔다
자기 주장이 강한 사람이다.
냉철하고 지적이며 이성적인 성향이다.

컵 전체를 감싸 쥔다
개방적이고 대인관계가 원만한 사람이다.
평소와 다르게 컵을 이렇게 쥐었다면 지금 기분이 좋은 것이다.

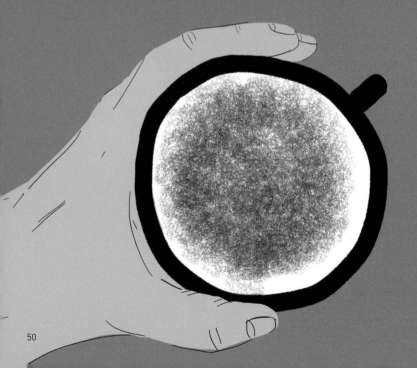

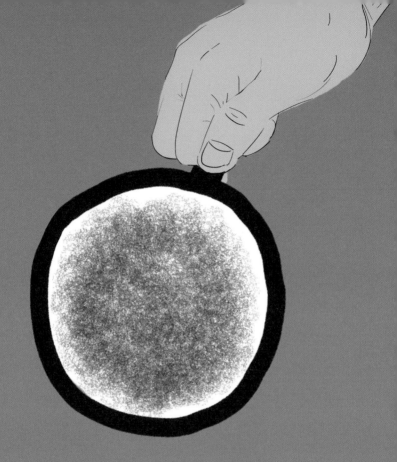

START

가까운 곳부터 차례대로 먹는다

여유가 있고 생각하는 시간이 많은 사람이다.
다소 줄이 길더라도 복잡하게 생각하지 않고 기다린다.
자기는 물론 타인에게도 관대한 성향이며
대화할 때 상대의 말을 잘 들어주고 공감을 해준다.

최적의 동선에 따라 먹는다

음식을 먹는 순간까지도 효율성을 추구하는 사람이다.
일상의 모든 것을 통제하려는 성향을 엿볼 수 있다.
자투리 시간을 잘 활용한다는 장점이 있는 반면에
시간낭비를 줄이는 데에 강박적으로 집착하는 면도 있다.
그만큼 자기와 타인에게 엄격하다.

20.
접시에 음식 담기

애피타이저부터 담는다

절차와 형식을 중시하며 완벽주의를 추구하는 사람이다.
일상에서 사소한 것까지도 통제하려는 경향을 엿볼 수 있다.
융통성이 없고 계획이 틀어지면 매우 불안해한다.
자기감정에 대한 확신이 없고 우유부단한 성향을 보인다.

먹고 싶은 것부터 담는다

절차와 형식에 얽매이지 않고 자유롭게 행동하는 사람이다.
좋고 싫음이 분명하고 새로운 경험을 좋아한다.
융통성이 뛰어나 돌발 상황에 잘 대처할 수 있다.
반면에 절차와 형식을 지켜야 하는 상황에 취약할 수 있다.

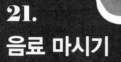

21.
음료 마시기

입 대고 마신다

빨대로 천천히 마실 만한 시간적 여유와 인내심이 부족하다.
정서적 욕구와 충동을 즉각적으로 만족시켜야 하는 사람이다.
음료의 감촉을 입술로 느끼고 싶어 하는 성향일 수도 있다.

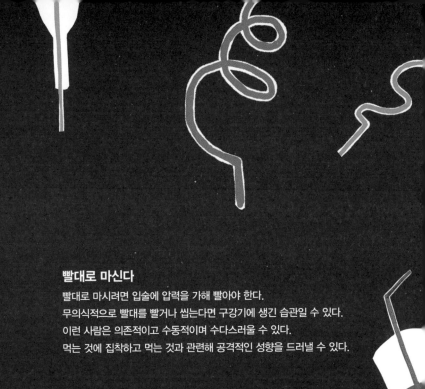

빨대로 마신다

빨대로 마시려면 입술에 압력을 가해 빨아야 한다.
무의식적으로 빨대를 빨거나 씹는다면 구강기에 생긴 습관일 수 있다.
이런 사람은 의존적이고 수동적이며 수다스러울 수 있다.
먹는 것에 집착하고 먹는 것과 관련해 공격적인 성향을 드러낼 수 있다.

22.
먹는 것에 참견하기

음식을 먹는 건 단순한 영양 섭취 이상의 의미를 갖는다.
뭔가를 먹으면서 대화를 나누는 건 친밀감 향상을 위해서도 좋다.
때로 대화의 소재가 상대의 식습관에 대한 참견인 경우가 있다.

옆 사람이 먹는 것에 간섭하지 않는다

대화를 하더라도 상대가 먹는 음식에 대해선 일절 언급하지 않는 사람은
무관심하기보다 상대를 있는 그대로 인정하는, 배려심이 있는 사람이다.

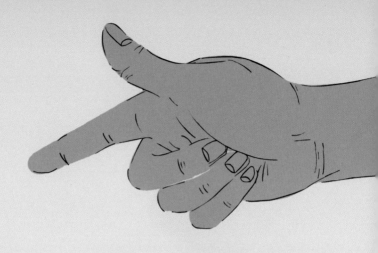

옆 사람이 먹는 것에 간섭한다

"나는 맛있는데 너는 왜 안 먹니?" 등의 잔소리를 한다면
집착이 심한 사람이다.

자율성을 존중해야 할 음식 선택조차 상대를 통제하는
도구로 사용하는 것이다.

먹는 것으로 상대를 나무란다면 애정 결핍일 가능성도 있다.

먹는 건 사랑의 상징인데,

얼마나 잘 먹는가를 애정의 정도로 인식하기 때문이다.

맛있게 먹지 않거나 음식을 남기면 상대에게 실망하게 되고
그런 감정이 고스란히 분노로 표출된다.

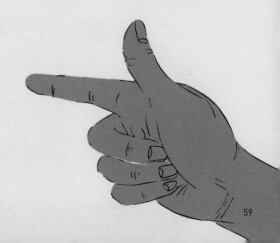

23.
갈비탕 먹기

갈비를 한 대씩 꺼내 먹는다
매번 고기를 식혀야 하기 때문에 시간이 걸린다.
다소 번거롭더라도 최적의 육질을 즐기려는 사람이다.
절차와 형식을 따르는 데 필요한 인내심을 갖고 있다.

다 꺼내놓고 식혀서 먹는다

뜨거운 고기를 천천히 음미할 만한 여유가 없는 사람이다.
식욕뿐 아니라 욕구 충족이 지연되는 걸 못 견디는 성향이다.
매사에 가장 효율적인 프로세스를 따져보고 그에 따라 처리한다.

24.
피자 토핑 고르기

다양한 토핑을 얹은 콤비네이션 피자, 페페로니나 치즈 등
한 가지 토핑을 얹은 피자 중 어떤 피자를 선택하는가?

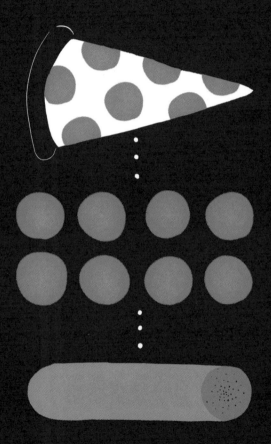

한 가지 토핑을 선택한다

자기만의 독특한 기호에 대한 자부심이 강하고 이를 유지하고자 하는 사람이다.
화려한 토핑보다 피자 본연의 맛을 느껴야 한다고 생각하는 이상주의자다.

콤비네이션을 선택한다

여러 가지 재료의 맛을 모두 느끼고 싶어 하는 욕심쟁이일 수 있지만
결정하는 데에 어려움을 느끼거나 혹은 특별한 취향이 없는 사람일 수도 있다.

25.
좋아하는 음식

고기를 좋아하는 사람과 해산물을 좋아하는 사람이 있다.
음식의 기호로 그 사람의 성향을 엿볼 수 있다.

고기를 좋아한다

고기는 조금만 먹어도 포만감이 느껴지는 만큼
성격이 급하고 참을성이 부족한 사람일 수 있다.
끈기가 부족하고 일 처리가 성급한 편이다.
고기는 꼭꼭 씹어 먹어야 한다.
평소 자기감정을 크게 억압하는 사람은
공격적으로 씹는 행위를 통해 억압된 감정을 해소하기도 한다.

해산물을 좋아한다

갑각류는 딱딱한 껍질을 까야 하고 생선은 가시를 발라야 한다.
먹기 위해 투자하는 시간과 노력에 비해 만족감이 떨어질 수 있다.
그만큼 마음의 여유가 있고 인내심과 자제력이 강하며
한 가지 일에 몰두하는 성향이다.

26.
사람 많은 곳

사람 많은 곳이 좋다

사람들이 북적이는 가게는 서비스가 좋을 거라 생각하기 쉽다.

하지만 사람들이 북적이는 곳에선 감정적인 에너지 소모가 따르기 마련이다.

사람이 많건 적건 개의치 않는다면 평소 감정 표현을 잘하는 사람이다.

사람 적은 곳이 좋다

가격보다 서비스의 질을 따지는 사람이다.
한편으로 사람들이 북적이는 곳을 못 견디는 유형일 수도 있다.
타인과 물리적 거리가 확보되지 않는, 사람 많은 장소에선
심리적 공간이 확보되지 않아 불편해하고 불안해한다.

27.

식당 선택하기

식당을 선택할 때
TV나 잡지에 소개된 맛집을 선호하는 사람이 있고
평소 자주 가는 단골집을 선호하는 사람이 있다.

맛집

대중이 선호하는 사회 규범에 동조하는 사람이다.
인증샷을 남긴다면 남의 시선을 의식하는 사람일 수 있다.
한편으로 난무한 정보에 휩쓸려 우유부단한 성향도 있다.

단골집

안정을 추구하고 보수적인 성향을 가진 사람이다.
같은 일을 반복하더라도 쉽게 싫증내지 않는다.
호불호가 분명해 싫어하는 사람과는 어울리지 않는다.

28.
메뉴 고르기

식당에 들어가 메뉴를 고를 때 쉽게 결정하지 못하고 갈등하는 경우가 있다.

양념치킨이냐, 프라이드치킨이냐(양념반, 프라이드반).
자장면이냐, 짬뽕이냐(짬짜면).
불고기 피자이냐, 고구마 피자이냐(반반피자).
탕수육 소스를 부어 먹을 건가, 찍어먹을 건가(부먹, 찍먹).

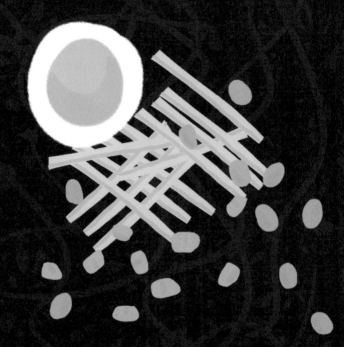

몰빵
음식을 먹을 때에 미각적 경험을 소중히 여기는 사람이다.
자기 주관이 뚜렷하고 한번 선택하면
여간해서는 후회하지 않는 화끈한 성격이다.
자기감정에 예민하며 그 사실을 정확히 인지하고 있다.

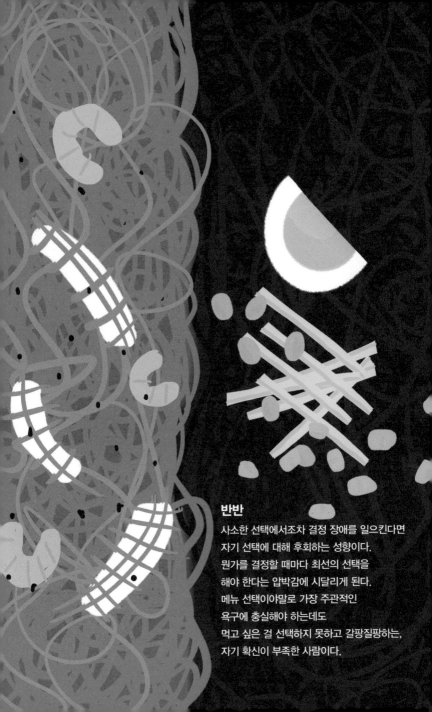

반반
사소한 선택에서조차 결정 장애를 일으킨다면
자기 선택에 대해 후회하는 성향이다.
뭔가를 결정할 때마다 최선의 선택을
해야 한다는 압박감에 시달리게 된다.
메뉴 선택이야말로 가장 주관적인
욕구에 충실해야 하는데도
먹고 싶은 걸 선택하지 못하고 갈팡질팡하는,
자기 확신이 부족한 사람이다.

29.
아이스크림 먹기

아이스크림을 먹는 행위는 얼어붙은 정서가
자유롭게 유동하는 기쁨을 상징한다.

녹여 먹는다

억압되고 마비된 감정을 따스하게 녹여 포용하려는 행위다.
감정적인 갈등을 여유롭고 자연스럽게 해결하는 경향이 있다.

깨물어 먹는다

억압되고 마비된 감정이 깨물어
먹는 공격적인 행위로 드러낸다.
감정적인 갈등을 부자연스럽고
조급하게 해결하는 경향이 있다.

73

30.
감자튀김 먹기

하나씩 먹는다

전체적인 것보다 부분적인 걸 중시하는 편이다.
관찰력이 뛰어나고 예리하며 섬세하다.
천천히 음미하며 하나씩 먹을 수 있는 만큼
여유가 있고 느긋한 태도를 지닌다.

한 움큼씩 쥐고 먹는다

입 안을 가득 채워야 안정감을 느끼는, 내면이 불안한 사람이다.
활동적인 편이나 배고플 때엔 쉽게 흥분하곤 한다.
감정적인 성향이라 크게 울고 웃는다.

포크로 찍어 먹는다

손에 기름과 소금이 닿는 걸 싫어하는 사람이다.
완벽주의자이고 자기통제력이 있으며 책임감이 강하다.

31.
돈가스 먹기

한 조각씩 잘라 먹는다

여유가 있고 온화하며 부드러운 성향이다.
먹는 속도를 통제할 수 있는 사람이다.
전반적으로 자기통제력이 뛰어난 편이다.

한번에 다 잘라놓고 먹기

절차나 양식을 싫어하는 사람이다.

이것저것 따지지 않고 합리적인 걸 추구한다.

즉각적으로 욕구를 충족해야 하는 성격이다.

32.

즐겨 마시는 커피

마시고 싶은 커피의 종류는 그때그때 다르다.
대개 자주 마시는 커피의 유형이 있기 마련이고
평소 성향과 관련돼 있는 경우가 많다.

카페라떼

사색하는 걸 좋아하고 편안함을 추구한다.
어린아이와 같은 천진한 면이 있다.
우유부단하지만 한편으로 친근하게 느껴진다.

에스프레소

열심히 일하는 사람이고 기업의 대표가 많다.
친화력이 좋고 적응력과 문제해결력이 뛰어나다.
계획적이고 완벽주의적인 면모가 있고 자기통제력이 강하다.
쓴맛을 즐기는 만큼 가학적인 성향도 엿볼 수 있다.

카푸치노

대화를 좋아하는 편이고 따뜻한 마음을 지니고 있다.
전체보다 부분을 중시하는 만큼 일 처리가 꼼꼼하다.
창조적이고 예술적이며 유행을 따르지 않는 성향이다.

아메리카노

예의범절을 중시하고 갈등과 변화보다 안정을 추구한다.
깔끔한 외모를 지닌 경우가 많고, 조용하고 신중한 편이다.

카페모카

창의적이고 새롭고 재미있는 걸 좋아하며 커피를 활력제로 이용하곤 한다.
자기통제력이 떨어지고 욕구 충족을 위해 충동적인 행동을 일삼기도 한다.

WHAT IS YOUR CHOICE ?

☐ CAFE LATTE

☑ ESPRESSO

☐ CAPPUCCINO

☐ AMERICANO

☐ CAFE MOCHA

33.
커피와 업무 효율

정말 커피를 마시면 집중이 잘되고 업무 효율이 높아질까?

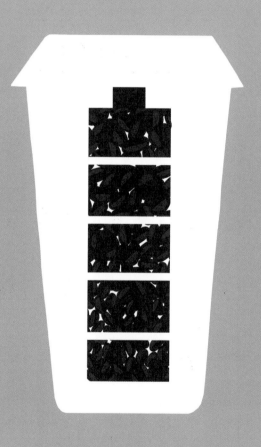

외향적인 사람

카페인의 각성 효과로 인해 활력이 넘치고
자신감이 생겨 효율적으로 일할 수 있다.

내향적인 사람

카페인의 각성 효과로 인해 초조해하고
산만해져 오히려 업무 능력이 떨어질 수 있다.

34.
먹는 속도

먹는 속도가 빠른 사람과 대화를 나눠보면
말도 빠르고 걸음걸이도 빠르다.

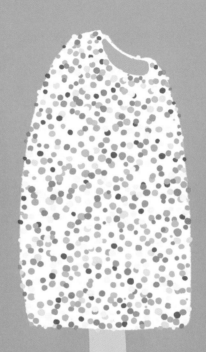

천천히 먹는다

맛을 음미할 줄 아는 사람이다.
주어진 현실을 즐기는 편이지만 고집이 세고
융통성이 없기도 하다.
자기 삶을 최우선으로 여기는 사람이다.

빨리 먹는다

멀티태스킹에 강하고
약속을 반드시 지키는 사람이다.
여유를 즐기기보다 열심히 노력해
성취하는 걸 선호한다.

35.
여러 가지 음식 먹기

섞이지 않게 종류별로 먹는다

모든 면에서 체계적이고 섬세한 성격의 소유자다.

종류별로 먹으면 상대적으로 적게 먹을 수밖에 없는 만큼

욕구 조절이 가능하고 참을성이 있으며 여유가 있는 사람이다.

고집이 세고 익숙한 것에 변동이 생기는 걸 좋아하지 않는다.

한꺼번에 섞어서 먹는다

모험을 중시하고 새로운 것에 마음이 열려 있다.
대인관계가 좋고 책임감이 강하다.
늘 분주하고 에너지가 넘치며
지나치게 일을 벌이는 경향이 있다.

36.
좋아하는 술

맥주

서비스 정신이 투철하고
타인을 즐겁게 해주는 데
앞장선다.
때로 차가운 사람으로
오해받기도 한다.

소주

소탈하고 털털하며
성실한 사람이다.
대인관계가 원만하고
협동심이 강하다.

와인과 샴페인
세련되고 고급스러움을
추구하며 품위를 중시한다.
자기 스타일에 긍지와
자부심을 갖고 있다.

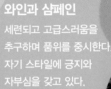

막걸리
예의범절을 중시하고
상하관계에 엄격하다.
대인관계에 있어
정이 많은 사람이다.

37.
맥주 따르기

거품 없이 따른다

매사 신중하고 책임감이 강하며 신뢰할 만한 사람이다.
타인을 지나치게 배려하고 신경 쓰는 나머지 인간관계에 쉽게 지치기도 한다.

거품 가득 따른다

뭐든 대충하는 성향이다.
타인을 배려하기보다 마음 가는 대로 행동하는 편이다.
주변 사람들은 다소 피곤하기도 하다.

38.
술버릇

술을 마시면 스스로 방어하고 절제하고 있던 게
조금씩 풀려 나오기 마련이다.

말이 없어진다

평소에는 활달한데 술을 마시면 말이 없어지는 경우
겉으로 보기엔 일이 잘 풀리는 듯하지만
마음속에는 불안이 가득한 사람일 수 있다.
자기 삶이 마음에 들지 않아 바꾸고 싶어 한다.

말이 많아진다

평소 인간관계나 업무에서 압박감을 느끼는 사람이다.
무의식적으로 틀에 얽매이지 않고
자유롭게 행동하고 싶어 하지만
예의 바르고 착실한 성격을 유지하기 위해
절제하는 성향이다.

39.
제복

군인의 제복이나 의사의 가운에서도 입은 사람의 심리를 엿볼 수 있다.

제복을 좋아한다

옷을 고르는 걸 귀찮아하거나 옷에 흥미가 없는 경우도 있지만

취향이 드러나는 게 두려워 숨기고 싶은 심리가 작용할 수도 있다.

군인이나 의사처럼 제복이 위엄을 드러내는 경우 권위적인 성향을 엿볼 수도 있다.

사복을 좋아한다

옷을 통해 개성을 표현하고 싶어 하는 경우도 있지만

제복에 의해 자기정체성이 제한되는 걸 불편해하는 사람일 수도 있다.

군인이나 의사처럼 제복이 위엄을 드러내는 경우 권위에 대한 거부감을 엿볼 수 있다.

40.
패션 스타일

한 가지를 고수한다

자기에 대해 어느 정도 파악하고 있는 사람이다.

자기에게 어울리는 스타일이 정해져 있다는 건

외적인 스타일뿐 아니라 추구하는 내면의 인격까지 정해져 있다는 뜻이다.

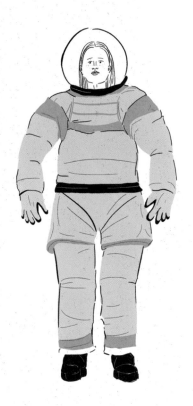

자주 바뀐다

외적인 스타일뿐 아니라 내면의 인격까지도 제대로 파악하지 못한 사람이다.
마주하는 자기 모습을 인정하지 않고 계속 변신하고자 노력하는데
생각하고 싶지 않은 강한 콤플렉스가 있기 때문일 수도 있다.

41.
좋아하는 옷 색깔

평소 어떤 색깔의 옷을 즐겨 입는가?
피부색에 따라 취향이 정해지기도 하지만
성격에 따르기도 한다.

검은색

상대에게 위압감을 주고 영향력을
행사하고 싶은 마음이 있다.
대인관계에서 주도권을 확보하고자 하는데
이는 자기 위주로 문제를 해결하지 않으면
불편하기 때문이다.
지적이고 세련된 스타일을 추구하는
반면에 까다로운 성격이다.

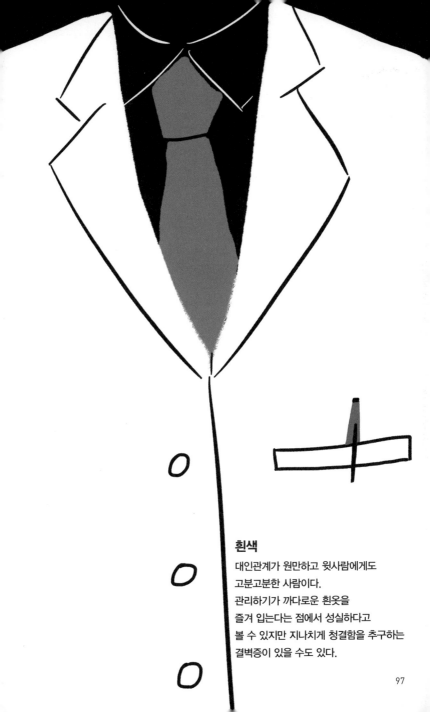

흰색

대인관계가 원만하고 윗사람에게도
고분고분한 사람이다.
관리하기가 까다로운 흰옷을
즐겨 입는다는 점에서 성실하다고
볼 수 있지만 지나치게 청결함을 추구하는
결벽증이 있을 수도 있다.

42.
좋아하는 액세서리

업무를 위한 미팅이나 중요한 만남의 자리에 나갈 때
패션에 포인트를 주는 액세서리가 있는가?

목걸이

외모에서 가슴에 자신이 있어서
가슴 쪽으로 시선을 유도하고
싶어 하는 경우도 있지만
반대로 가슴에 자신이 없어서
목걸이의 힘을 빌리는 경우도 있다.

귀걸이

외모에서 얼굴에 자신이 있어서
얼굴 쪽으로 시선을 유도하고
싶어 하는 경우도 있지만
반대로 얼굴에 자신이 없어서
화려한 귀걸이의 힘을 빌리는 경우도 있다.

43.
선글라스

자유분방하고 스타일리시하게 보이지만
무의식적으로 눈동자에서 드러나는 속마음을 감추고 싶은 사람이다.
그만큼 마음이 쉽게 동요되고 불안정하기 때문이다.
시선 처리에 자신이 없고 대인관계에 미숙한 편이다.

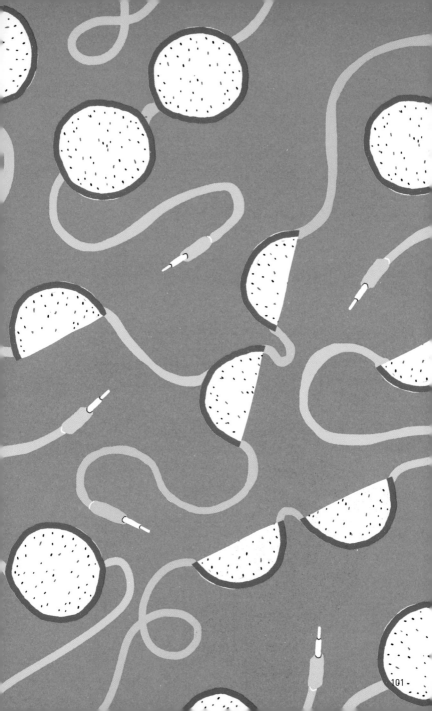

44.
지갑 속

지갑은 소유욕을 상징한다.

현금과 카드가 가득하다

언제 어떤 게 필요할지 모르기 때문에 미리 대비해놓는 사람이다.
준비성이 철저하다고 볼 수 있지만, 한편으로 만약의 사태에 대한 불안감이 크다.
소유욕이 강해 이성관계에서 상대에게 집착할 수 있다.

최소한의 현금과 카드가 들어 있다

소유욕이 그다지 크지 않은 사람이다.
타인에게 보이는 모습에 신경 쓰지 않는 편이다.
필요한 것과 필요 없는 것을 구분할 줄 아는 합리적인 성향이다.

지갑을 사용하지 않는다

카드와 현금을 주머니에 넣어두는 사람은
경제적인 상황에 대해 회피하려는 심리를 엿볼 수 있다.

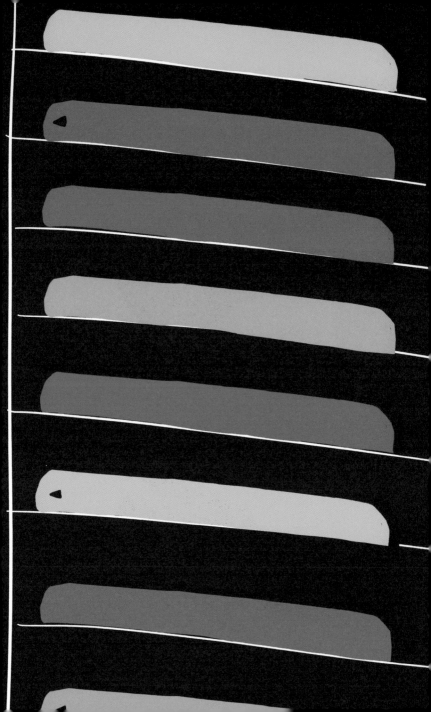

45.
손목시계

손목시계는 일반적으로 부와 품위를 상징하지만
심리적으로는 속박을 의미한다.

찬다

독단적이고 고집이 세며 남을 구속하는 경향이 있다.
목표의식이 확실하고 시간관리와 자기관리에 대한 자부심이 강하다.
남성인 경우 부와 품위를 과시하고 싶은 면도 엿볼 수 있다.

안 찬다

구속당하기 싫어하고 스스로를 통제하고 싶어 하지 않은 타입이다.
마음 가는 대로 살고 싶은 자유분방한 사람이다.
계획하는 걸 싫어하고 임기응변에 강하다.

46.
브래지어 입기

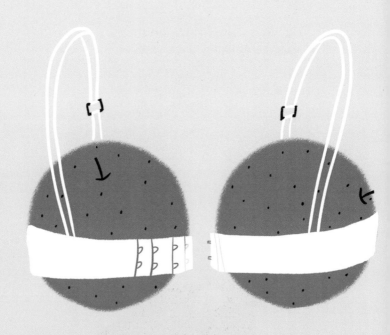

앞에서 채운다

새로운 것에 도전하기를 즐기며 색다른 체험을 열망하는 사람이다.

전통과 규율보다 자기가 확신하는 방법을 선호하는 성향이 강하다.

권위를 내세우거나 남의 시선에 휘둘리지 않는 카리스마를 갖고 있다.

뒤에서 채운다

조금 불편하더라도 전통적인 방식을 고수하는 사람이다.

솔직하고 진솔하며 배운 대로 성실하게 행동하는 성향이 강하다.

남을 돕는 행위에서 기쁨을 느끼는 사람으로서, 리더보다 조력자에 적합하다.

47.
끈 있는 신발

신발 끈을 묶고 푸는 건 귀찮고 시간이 걸린다.
그런 면에서 끈 있는 신발은 불편한 점이 많다.

좋아한다

매듭을 묶는 건 억압, 매듭을 푸는 건 자유를 상징한다.
스스로 억압하고 있는 심리적 욕구를 발산하고 싶어 한다.
인내심이 강하고 신중한 반면에 보수적이고 융통성이 없다.

싫어한다

심리적 욕구를 억압하지 않는 자유로운 사람이다.
끈 없는 신발처럼 합리적이고 효율적인 걸 좋아한다.

48.
즐겨 신는 신발

다양한 종류의 신발 중에 유독 즐겨 신는 신발이 있다면
그 사람의 성격을 담고 있을 수 있다.

발목을 덮는 운동화
쌀쌀맞거나 쾌활하지 않은 성격이다.
내향적이거나 성실하지 않은 편이다.

밝은 색 스니커즈
정서적으로 안정되고 침착하며 편안하다.
스트레스를 다스릴 줄 안다.

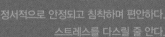

49.
화장할 때 신경 쓰는 부위

화장하는 걸 좋아하는 사람도 있고 그렇지 않은 사람도 있듯
화장할 때에 신경 쓰는 부위도 저마다 다르다.

입술

입술은 성적인 걸 상징한다.
성적 호기심이 많고 자기표현의
욕구가 강한 사람이다.

안면

수수하고 내성적이며
보수적이고 도덕적인 사람이다.
단정한 성향이 많다.

눈
지적인 걸 추구하고 자의식이 강한 사람이다.
자기를 돋보이고 싶어 한다.

눈썹
젊음을 어필하고 싶어 한다.
중년 여성은 특히 눈썹에 신경 쓰는 경향이 있다.

50.
패션 포인트

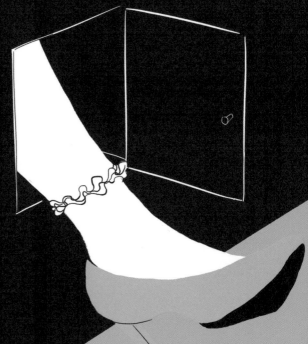

구두
섹시한 매력을
어필하고 싶은 마음이 있다.
타인의 시선을
의식하는 성향이다.

115

51.
헤어스타일

귀는 외부 정보를 받아들이는 역할을 한다.
심리적으로는 내면의 목소리에 귀 기울이는 걸 상징한다.

귀를 가린다

자기에 대한 타인의 이야기에
신경 쓰고 싶지 않은 사람이다.
혼자 있는 걸 좋아하고 대인관계에 서툴다.
스스로 귀가 얇다고 여기기에
아예 남의 말을 듣지 않으려 한다.

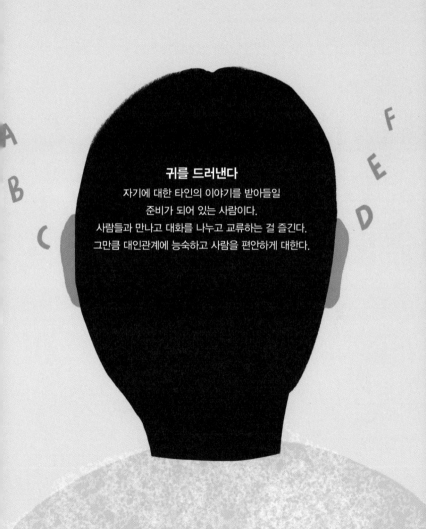

귀를 드러낸다

자기에 대한 타인의 이야기를 받아들일
준비가 되어 있는 사람이다.
사람들과 만나고 대화를 나누고 교류하는 걸 즐긴다.
그만큼 대인관계에 능숙하고 사람을 편안하게 대한다.

52.
옷 벗기

가지런히 벗는다

세심하고 철저하며 다소 예민한 완벽주의자 성향이다.
함께 사는 사람을 배려할 줄 아는 사람이다.

양말부터 벗는다

발은 삶이 근거하는 것, 즉 기본적인 태도와 가치관을 상징한다.
발을 신경 쓰는 사람은 규율에 따라 행동하는 성향이다.
수줍음이 많고 내성적이다.

천천히 벗는다

무슨 일이든 발동이 늦게 걸리는 사람이다.
한편으로 심사숙고하고 사색하는 시간이 긴 사람일 수도 있다.
자신의 지적 능력에 대한 자부심이 강하다.

제멋대로 벗는다

옷을 아무렇게 벗어놓는다면 외향적이고 긍정적인 사람이다.
별 걱정 없이 즐겁게 살지만 한번에 무너지기도 한다.

재빨리 벗는다

격식을 차리지 않고 복잡한 걸 싫어하는 사람이다.
복잡한 생각이나 관계에 끼어들고 싶어 하지 않는다.
반면에 자기와 관계된 일이라면 끝까지 파고든다.

53.
샤워 습관

샤워하는 습관에서도 개인의 성향을 엿볼 수 있다.

SINGIN' IN THE RAIN

노래를 부른다
남의 시선을 크게 의식하지 않는다.
자기감정에 자유로운 편이고
스스로에 대해 당황하지 않는다.
한편으로 우울한 기분을
떨쳐내기 위해 일부러
노래를 부르는 사람도 있다.

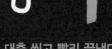

대충 씻고 빨리 끝낸다
늘 시간이 부족한 사람이며
약속에 자주 늦는다.
그렇다고 책임감이 없는 건 아니며
오히려 남을 돌보느라 분주하다.

양치를 한다
자기도 모르게 한 번에
두 가지 일을 하는
멀티태스킹에 능한 사람이다.
성공지향적이고 경쟁심이
강하나, 성급한 면도 있다.

천천히 꼼꼼하게 씻는다
샤워는 세례의 상징이기에
과하게 씻는다면 신경증적인
죄책감을 엿볼 수 있다.
꼼꼼하게 씻는 건 낡고 부정적인
태도, 습관, 정서적인 반응 등을
제거하는 상징적인 행위다.

54.
가장 먼저 씻는 부위

목욕할 때에 가장 먼저 씻는 부위는 사람마다 다르지만
늘 일정한 편이다.

머리카락

머리카락은 젊음을
상징한다.
현실에 안주하기보다
좋아하는 일에 열정적으로
매달리는 사람이다.
돈을 중시하지 않으며
예술적 감각이 뛰어나다.

얼굴

얼굴은 자기 자신과
돈을 상징한다.
자기를 소중히 여기고
돈을 중시하며
이해타산적인
성향이 강하다.

겨드랑이

청결에 매우
신경 쓰는 사람이다.
완벽주의자이고
꼼꼼한 성향이다.

가슴

가슴은 가장 편하게
씻을 수 있는 부위다.
편리함을 중시하며
현실적인 사람이다.
솔직한 성향이고
방해받는 걸 싫어한다

55.
애완동물

키우는 애완동물을 보면 그 사람의 성향을 유추할 수 있다.

개

사람들과 접촉할 일이 많은 사람이다.
외향적이고 활동적이며
대인관계가 원만한 성향이다.

고양이

집에 있는 걸 좋아하는 사람이다.
창조적이고 모험을 즐기는 반면에
규칙을 잘 어기고 예민한 성향이다.

설치류

독립심이 강하여 의지할
사람을 원하지 않는다.

물고기

긍정적이고 유머가 있는 사람이다.

새

외향적이고 의사 표현을 잘하는 사람이다.

56.
애견의 종류

개를 키울 때 사람들은 자기와 닮았다고 여겨지는 개를 선택하는 경향이 있다.

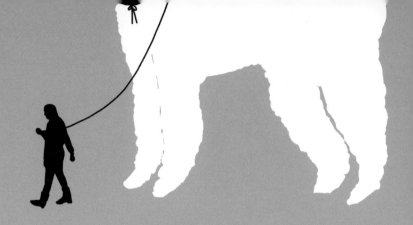

못생긴 개

외모에 자신이 없는 사람이 불독 등 못생긴 개를 키우는 편이다.

덩치 큰 개

개를 통해 강한 면모를 드러내 보이고 싶을 만큼
스스로 약하다고 생각하는 사람이다.
한편으로 타인에게 보이는 걸 중시하는 허영심이 강한 면모가 있다.

57.
좋아하는 스포츠

스포츠를 좋아하는 사람이 많은데
경기 취향은 제각각이다.
혼자 하는 운동과 함께 하는 운동에 따라
성향이 다르다.

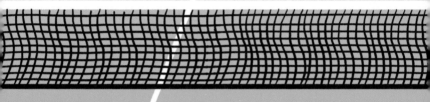

축구, 야구 등 함께하는 운동
타인과 어울리는 걸 부담스러워하지 않는 편이다.
팀 운동은 승패를 따지는 만큼
매사에 경쟁심이 발동하는 성향이다.

수영, 조깅 등 혼자 하는 운동

타인에게 의지하는 걸 싫어하는 독립적인 사람이다.
혼자 있는 동안 몸과 마음을 충전하는 내향적인 성향이다.

58.
포장하기

안에 있는 내용물이 보이지 않게 하는 게 포장의 역할이다.

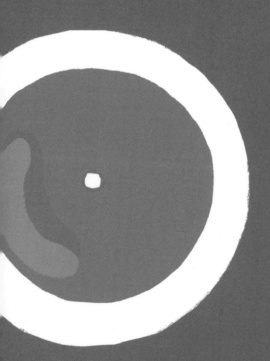

포장에 신경 쓴다

자기 성격에서 어떤 부분을 숨기고 억제하는 데 신경 쓰는 사람이다.
자기 감정 중 특히 수치심, 죄의식, 사랑, 갈망 등을 숨기려는 욕구가 강하다.

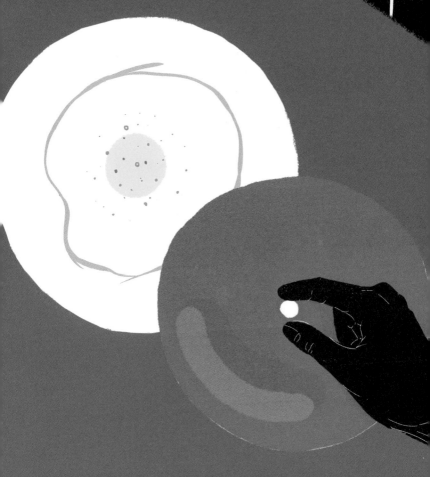

포장에 신경 쓰지 않는다

자기 성격이나 감정에 대해 스스로 관대한 사람이다.
다른 사람에게 굳이 숨기려 애쓰지 않는다.

59.
일과 휴식 취하기

TO DO LIST
1. ~~CLEAN ROOM~~
2. ~~GET MILK~~
3. ~~CALL A/S CENTER~~
4. STUDY 2 hours
5. SQUAT 100 TIMES
6. SHOWER
7. TAKE A NAP !

일하고 쉰다

삶의 자세에 대한 기준이 높은 사람, 전문용어로 초자아가 강한 사람이다.
현실은 일하고 쉬지 못하고 또 다른 일을 찾아 나서게 된다.
스스로가 쉬지 않으니 다른 사람이 쉬는 것도 이해하지 못한다.
이런 사람이 상사 혹은 부모가 된다면
아랫사람이 압박감을 느끼고 때로 분노가 폭발하기도 한다.

TO DO LIST
1. EAT FOOD

2. MOVIE

3. NAP 2 HOURS

4. PLAY WITH DOG

5. STUDY
3 HOURS !

쉬고 일한다

천성이 게으른 사람도 있지만 그렇지 않은 경우가 더 많다.

쉬고 싶어서가 아니라 제대로 하려고 일을 미루기 때문에 늘 마음이 편치 않다.

해야 할 일에 온통 정신을 빼앗긴 나머지 쉬어도 쉬는 게 아니다.

이처럼 나중에 제대로 하기 위해 시동을 거는 걸 강박적 느림이라 한다.

완벽주의적인 성향과 강박적인 성향 때문이다.

60.
명함

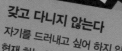

갖고 다니지 않는다

자기를 드러내고 싶어 하지 않는 신비주의 스타일로 보이지만
현재 하는 일과 직종에 만족감이 높지 않은 사람이 많다.
인연이라면 명함을 주지 않더라도 만난다고 생각하는
지나친 이상주의자일 수도 있다.

갖고 다닌다

명함을 통해 자기를 어필하고 싶어 하는 경우도 있지만
언제 어디서 어떤 일이 생길지 모른다고 생각해
모든 가능성에 대비하는 조심성 있는 사람이 더 많다

61.
쇼윈도 앞에서

거울에 비친 모습은 스스로 자기를 보는 모습이기도 하고
다른 사람이 봐주기를 원하는 자기 모습이기도 하다.
외모뿐 아니라 삶의 태도, 신념, 가치관, 인간관계 등을 보는 방식이다.
거리를 지나다가 쇼윈도 앞에서 멈추는 사람과 그냥 지나가는 사람이 있다.

멈춘다

자의식이 강해 다른 사람이 자기를 어떻게 생각하는지에 민감하다.
쉽게 상처받는 성향이며, 인간관계에서 오는 스트레스나 이로 인한 압박 때문에
무력감을 느낀다.

그냥 지나간다

자기 내면을 마주하길 꺼려하는 무의식이 행동으로 드러나는 것일 수 있다.
늘 분주하게 사느라 거울을 들여다볼 여유가 없는 사람일 수도 있다.

62.
지하철 안에서

지하철에서 서 있을 때
봉을 잡는 사람과
손잡이를 잡는 사람이 있다.

봉을 잡는다

확실하고 고정된 걸 의지해야
안정감을 느끼는 사람이다.
철두철미한 성격이지만
융통성이 없고 고집이
센 편이다.

손잡이를 잡는다

이리저리 흔들리는 걸
즐기는 사람이다.
다양한 상황에 유연하게
대처할 수 있고 다른 사람에게
잘 맞추는 편이다.

63.
엘리베이터 안에서

엘리베이터에 타면 잠시 동안 좁은 공간에 갇히게 된다.
갇히는 건 그다지 유쾌한 경험은 아니므로
그 사람이 지닌 현재의 욕구불만의 정도를 엿볼 수 있다.

안쪽 모서리
평소 감정 표현을 잘하고 있어 욕구불만이 많지 않다.

좌우 벽 쪽
욕구불만을 어떻게든 발산하려고 노력 중이다.
여러 가지 계획이 많지만 현실적인 제약 때문에
실현하지 못하고 있다.

문 바로 옆

욕구불만이 많아 짜증이 나 있다.
참을 수 없을 때엔 화를 낼 수도 있다.

안쪽 벽 앞

욕구불만이 많지 않고 그저 몸
이 피곤할 뿐이다.

한가운데

호기심이 풍부하고 새로운 일에
도전하는 걸 좋아한다.
감정을 표현하는 데 에너지를
모두 쏟아붓기에
욕구불만이 거의 없다.

64.
혼자만의 공간 꾸미기

욕실은 온전하게 혼자서 사용하는 개인적인 공간이다.
이런 혼자만의 공간을 꾸미는 스타일에서도 개인의 성향을 엿볼 수 있다.

크게 신경 쓰지 않는다

자기를 탐색할 혼자만의 공간이 따로 필요하지 않은 사람이다.
자기 내면보다 외면에 더 관심이 많은 외향적인 성향이다.
혼자만의 공간과 시간이 필요 없을 만큼 바쁘게 사는 사람일 수도 있다.

자기만의 스타일로 꾸민다

욕실에 양초나 입욕 용품을 마련해놓은 사람은
그곳에서 세상 걱정을 잊고 혼자만의 시간을 누리는 게 가능하다.
마음의 평화를 추구하는 성향이기도 하지만
그만큼 심리적 은신처가 필요한 내향적인 사람이기도 하다.

65.
집 안 구조

복층을 선호한다

거실 벽면의 높이는 자존심의 높이를 상징이다.
복층을 선호하는 사람은 자존심이 센 사람이다.

단층을 선호한다

2층이나 계단을 오르내리는 걸 불편해하는 사람이다.
바닥에 있을 때에 안정감을 느끼며
평소 걱정이 많고 불안해하는 사람이다.

66.
비행기에서 앉은 자리

공항에서 탑승 수속을 할 때 비행기 좌석을 선택해야 하는 경우가 있다.
대부분 순간적인 생각에 따라 결정하지만 무의식적인 면을 엿볼 수 있다.

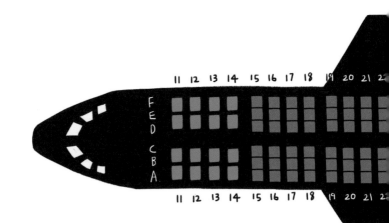

창가 자리

창가 자리는 한쪽 면이 막혀 있는 만큼
다른 사람을 의식하지 않고 자기 소지품을 정리할 수 있다.
자기만의 공간을 중시하고 개인주의적인 성향이 강하다.
타인에 대한 배려심이 적고 낭만을 추구하며 미래를 지향하는 사람이다.

통로 자리

통로 자리는 한쪽 면이 개방되어 있어 편안하며
옆 자리 승객을 불편하게 하지 않고 화장실에 갈 수 있다.
반면에 안쪽 승객이 움직일 때마다 일어나야 하는 번거로움이 따른다.
자유로움을 추구하고 타인을 배려하며 정중하고 공손한 사람이다.
한편으로 비행기에서도 일을 해야 할 정도로 바쁜 사람일 수 있다.
창밖을 내다보거나 잠을 청할 여유가 없다.

SEAT MAP- SELECT YOUR SEAT

✈ DEPARTURE ICN → CDG   I THU. 21 JUL I

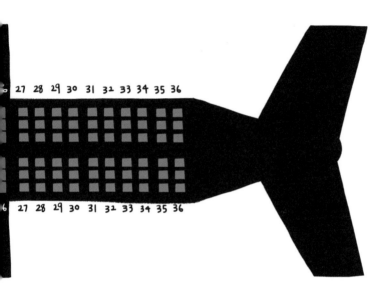

27 28 29 30 31 32 33 34 35 36

27 28 29 30 31 32 33 34 35 36

Confirm Seats

중간 자리

중간 자리는 양쪽에 사람이 있어 자기만의 공간을 확보할 수 없다.
개인 공간을 중시하지 않고 사람들과 쉽게 어울릴 수 있는
외향적이고 사교적인 성향이다.
자율성을 침해받는 걸 견뎌낼 수 있을 만큼
타인에 대한 배려심이 강하고 참을성이 많으며 성숙한 사람이다.

2장
기계의
심리학

67.
휴대전화 사용하기

통화를 선호한다

디지털 시대에 아날로그 감성을 가진 사람이다.

일보다 사람이 중심인 경향이 강하다.

통화는 문자에 비해 감정 전달이 용이해

자기감정을 전달할 수 있을 뿐 아니라 상대의 감정도 읽을 수 있다.

자기감정을 드러내는 데에 거부감이 없다는 건

평소에 감정 조절을 잘하는 편이고 자기 확신에 차 있다는 증거다.

Mom, I love you.

I don't have any money.
Try it with your dad.

+ SEND

문자를 선호한다

멀티태스킹이 가능하고 자투리 시간을 이용할 수 있다는 장점이 있는 반면에
문자로 전달할 내용을 정확하게 정리하느라 오히려 시간을 허비할 수도 있다.
문자는 통화에 비해 감정 전달이 쉽지 않다.
일부러 감정을 배제하기 위해 문자를 선택하기도 한다.
문자를 선호한다면, 상대에게 자기감정을 드러내고 싶지 않은 사람이다.
통화를 하면 한번 내뱉은 말을 다시 주워 담을 수 없지만
문자는 스스로 만족할 정도로 문장을 정리할 수 있다.
완벽주의적인 성향과 강박적인 성향도 엿볼 수 있다.
상대가 통화를 부담스러워할까 봐 고민하며 배려심이 넘친다.
사실은 상대보다 자기가 통화하는 걸 부담스러워할 수도 있다.

68.
휴대전화 꾸미기

휴대전화 시작 화면은 자기가, 케이스는 타인이 가장 많이 본다.
시작 화면과 케이스를 자주 바꾸는 사람은 어떤 성향일까?

시작 화면

감성적인 성향이 강하고 자기감정에
예민한 사람이다.
심미적인 경험을 소중히 여기고 그것을
에너지원으로 삼는다.

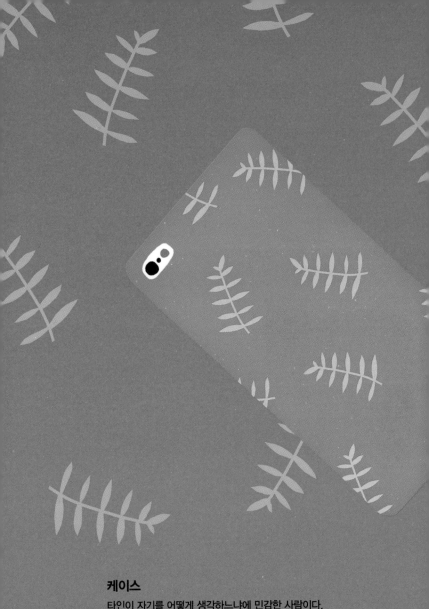

케이스

타인이 자기를 어떻게 생각하느냐에 민감한 사람이다.
자기를 부정적으로 여긴다고 생각하면 쉽게 당황하고
수치심을 느낀다.

69.
휴대전화 올려놓기

테이블 위에 휴대전화를 올려놓는 패턴에서도
개인의 성향을 엿볼 수 있다.

똑바로 올려놓는다

미팅 도중에 또 다른 만남, 즉 멀티플레이의 가능성을 열어두는 행위다.
남에게 미움을 받고 싶지 않은 마음이 커서 모든 사람의 반응에 늘 신경 쓴다.
개방적인 편이지만 외로움을 많이 탄다.

엎어서 올려놓는다

마주한 상대에게 집중하려는 행위다. 예의 바르고 배려심이 돋보이지만
혹시 문자가 올 경우 그 내용을 노출하기 싫어하는 자기방어적 성향이 강하다.

70.
카톡 사용하기

사용한다

이것저것 따지지 않고 대세에 따르는 무난한 사람이다.
카톡을 하면 와이파이가 터지면 어디서든 공짜로 연락할 수 있을 뿐 아니라
단체톡 등을 활용해 업무와 인간관계에 도움을 얻을 수 있기 때문이다.

사용하지 않는다

계획한 일은 반드시 정해진 시간에 처리해야 하는, 자기통제력이 높은 사람일 수 있다.
시도 때도 없이 울려대는 알림 문자 때문에 방해받고 싶지 않은 사람일 수도 있고,
인간관계에서 상처받은 적이 있어 또다시 그런 경험을 할까 봐 두려운 사람일 수도 있다.
간단한 공지 사항도 따로 일러주기 전까지는 알 방법이 없는 만큼 소식에 둔감할 수 있다.

71.
동영상 감상하기

스트리밍

다운로드하는 시간을 기다릴 만한 여유가 없고 인내심이 부족한 편이다.
일상의 전반적인 영역에서 즉각적인 만족을 추구하는 사람이다.
호기심이 많고 쉽게 싫증내는 성향이라 한 가지를 반복해 즐기기보다
새롭고 다양한 걸 경험하고 싶어 한다.

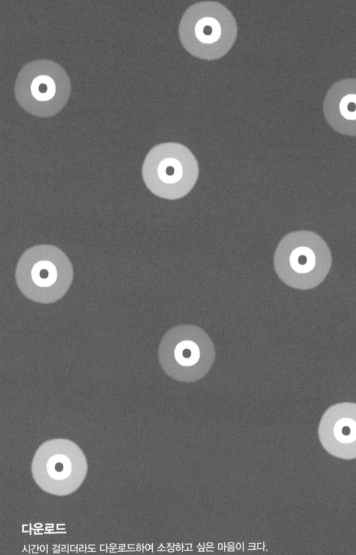

다운로드

시간이 걸리더라도 다운로드하여 소장하고 싶은 마음이 크다.

하나를 경험하더라도 깊이 있게 제대로 경험하고 싶어 하는 사람이다.

언젠가 또다시 경험하고 싶을 때를 대비하려는 성향도 엿볼 수 있다.

만약의 사태까지 대비해야 마음이 놓이는 사람이다.

소장 자체에 지나치게 의미를 둔다면 저장 장애 성향을 생각해볼 수도 있다.

72.
컴퓨터 용량 관리하기

휴대전화든 PC든 용량이 클수록 비싸다.
여러 고려사항 중 유독 용량을 중시하는 사람은 어떤 심리일까?

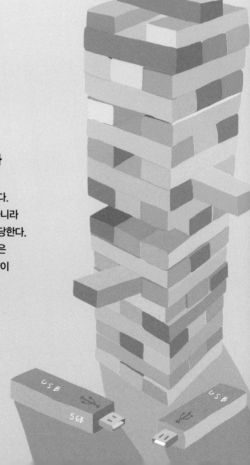

최소한의 용량이면 충분하다

용량을 확보하기 위해 수시로
파일을 정리하는 걸 즐기는 사람이다.
파일 정리가 단순히 공간 정리가 아니라
복잡한 내면을 정리하는 행위에 해당한다.
늘 마음이 복잡하고 불안정한 사람은
마음이 아닌 다른 걸 정리하는 경향이
있기 때문이다.

최대한의 용량을 확보한다

용량이 부족해 발생할 수 있는
사태에 대비하는 행위에 해당한다.
돌발 상황에 대처하는 자신의 임기응변
능력을 믿지 못하는 사람이다.
불필요한 파일도 의미를 부여해 쉽게 지우지
못하는 결정 장애 성향도 엿볼 수 있다.

73.
컴퓨터 화면 클릭하기

데스크톱 대신에 태블릿 PC를 사용하는 사람이 늘고 있다.
태블릿 PC에 대한 기호는 저마다 다르다.
가장 큰 차이는 마우스 클릭과 스크린 터치에 대한 호불호다.

스크린 터치

스크린 터치를 선호한다면 소유욕이 강한 사람이다.
이미지를 스크린 터치하면 그것을 소유하고 있다는 느낌이 강해진다.

마우스 클릭

스크린 터치가 가져다주는 소유하고 있다는 느낌을 그다지 좋아하지 않는 사람이다.
태블릿 PC보다 데스크톱으로 쇼핑할 때에 합리적인 선택을 할 가능성이 크다.

74.
이메일 아이디 정하기

이메일 아이디에 숫자가 들어간 사람과
그렇지 않은 사람이 있다.

숫자가 들어간다

숫자를 사용한다면 매사 절제하며 최선을 다하는 성향일 수 있다.
내성적이고 수동적인 성향이며 자발적인 행동이나 능동적인 사고가 부족하다.
내성적인 사람은 새로운 숫자보다 생일 나이 학번 등 주어진 숫자를 주로 사용한다.
대개 이메일 아이디는 자기보다 타인을 배려해서 정하곤 하는데
남의 시선을 크게 의식하지 않는 사람이라 할 수 있다.
지나치면 사회와 연결되어 있다는 결속감이 떨어질 수 있다.

숫자가 안 들어간다

중복되지 않고 숫자가 들어가지 않은
아이디를 찾기 위해 고심했을 것이다.
자기를 어필하기 위해 애쓰는 사람이다.
사교적이며 적극적이고 외향적인 성향이다.

75.
액정화면 보호 필름 붙이기

스마트폰을 살 때 액정화면 보호 필름까지 함께 사서
그 자리에서 붙이는 사람이 있다.
반면에 화질을 떨어뜨린다는 이유로
보호 필름을 붙이지 않는 사람도 있다.

안 붙인다

감각에 예민해 스마트폰 고유의 화질을 누리고 싶어 하거나 혹은
물건에 대한 애착이 없기에 액정화면에 흠집이 나든 말든 크게 신경 쓰지 않는 성향이다.
다른 사람에게 관심이 없는 자기애가 강한 사람이다.

붙인다

보호 필름에 케이스까지 구비하여 스마트폰을 완벽하게 보호하는 사람이다.
어쩌다 액정화면에 흠집이라도 생기면 그 생각에 강박적으로 빠져드는 면이 있다.
전체보다 부분에 집착하며 디테일에 강하다.

76.
스마트폰과 2G 폰 중에서

스마트폰을 사용한다

스마트폰을 사용하는 사람은 대체로 무난한 성향이라 할 수 있다.
스마트폰의 폐해도 있지만 편리한 건 부정할 수 없는 사실이다.

2G 폰을 사용한다

스마트폰에 의해 통제당하지 않으려 애쓰지만
그만큼 자신의 일거수일투족을 통제하지 않으면 불안한 사람이다.
결국 자기에게 통제당하고 있는 셈이다.
대세나 풍조에 대한 반발심이 크고, 남과 다르고 싶어 하는 성향이다.
소통에 자신이 없거나 관계에 대한 상처가 많아
사람들과 거리를 두고 싶은 심리도 엿볼 수 있다.

77.
아이폰과 안드로이드폰 중에서

아이폰을 쓰느냐 안드로이드폰을 쓰느냐에 따라
그 사람의 성격을 유추해볼 수 있다.

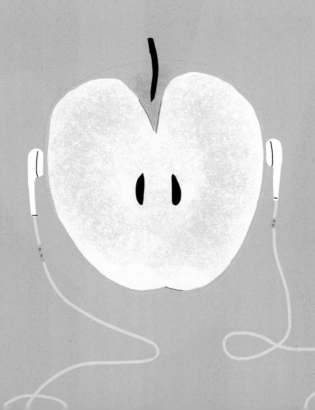

아이폰 사용자

스스로를 매력적이라 여기고 자부심이 강하다.
외모를 중시하고 자기 확신에 차 있으며 야심찬 면도 있다.

안드로이드폰 사용자

예의 바르고 공손하며 온화한 성격이다.
수줍음이 많고 내향적이며 사람을 편하게 해준다.

78.
선호하는 SNS

트위터, 페이스북, 인스타그램 등 SNS 종류가 다양하다.
바쁜 와중에도 틈틈이 다양한 SNS를 즐기는 사람과
한 가지 SNS에 집중하는 사람이 있다.

한 가지에 집중한다

집단에 소속되는 것에 별다른 관심이 없다.
자의식이 강하고 한 우물을 파는 사람이다.

다양하게 즐긴다

어느 집단에든 소속되고 싶은 욕구가 강하다.
누군가와 이어지고 싶고 인정받고 싶은 사람이다.
혼자 있으면 외로워한다.

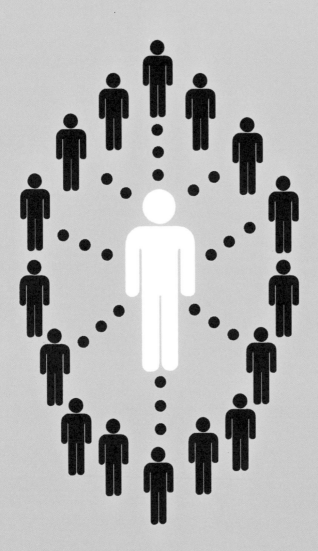

79.
SNS 프로필 바꾸기

연말연시나 크리스마스와 같은 철에 따라 혹은
세월호 사건과 같은 특정한 이슈에 맞춰
페이스북이나 카카오톡의 프로필을 바꾸는 사람이 있다.

이슈에 따라 바꾼다

타인과 시대적 상황을 교감하려
노력하는 사교적인 사람처럼 보이지만
오히려 사교성이 떨어지는 사람이
프로필을 자주 바꾼다.
누구에게나 친근한 이미지를 전달해
인간관계에 도움이 되기를 바라는 것이다.

대중없다

프로필을 자주 바꾸지 않는다고
개인주의적이거나 사교적이지 않은 건 아니다.
프로필과 상관없이 직접 겪어보면
그 사람이 사교적인지 여부를 알 수 있다.
프로필은 있는 그대로의 모습이 아니라
그 사람이 추구하는 이미지에 불과하다.

175

80.
SNS 사진 올리기

♥ 275 LIKES

WITH MY FRIEND #CONAN O'BRIEN

♀ OMG! CONAN WITH YOU!
♀ AWESOME!

유명한 사람과 함께 찍은 사진을 올린다
스스로 영향력 있는 인물이라 여기는 사람이다.
자기 인맥을 과시함으로써 남에게 인정받고 싶은 욕구가 강하고
성공지향적인 사람이다.

...

♥ 15 LIKES

MY LOVE

⟟BEAUTIFUL COUPLE.

⟟HOW SWEET !

사랑하는 사람과 함께 찍은 사진을 올린다

자기를 겸손하게 평가하고 현재의 삶에 만족하는 편이다.
동정심이 많고 타인을 돕는 행위에서 희열을 느낀다.

81.
SNS 글 올리기

SNS에 주로 어떤 내용을 올리는가?

최근 이슈 이야기

호기심이 많고 자기는 물론 타인의 감정에 관심이 많다.
창조적이고 상상력이 풍부하며 새로운 일에 도전하는 걸 좋아한다.
한편으로 친구의 친구와 날선 토론을 벌이기도 하므로 주의할 필요가 있다.

최근 성취한 이야기

어떤 목적을 달성하면 주변 사람들에게 알려 인정받고 싶어 한다.

주관적인 만족보다 객관적인 인정을 통해 만족감을 느끼는 사람이다.

'좋아요' 수가 많으면 남이 자기를 인정해준다고 여겨 성취감을 느끼기도 한다.

82.
SNS 접속하기

자주 한다
과시욕이 있고 외향적인 성향이라 생각할 수 있지만
파워블로거 중에는 내향적인 사람이 많다.
자기를 드러내 타인의 이해와 공감을 얻고 싶은 마음이 크다.
때로 자기 글로 도배하여 주변 사람들을 불편하게 만들기도 한다.

잘 안 한다
신상 노출을 꺼리는 자기방어적인 성향이 강하고
다른 사람의 좋은 소식을 접하면 우울해하고 행복감이 떨어진다.
꼼꼼하고 신중하며 조심스러운 성향이지만
타인의 이해와 공감을 얻고 싶은 마음이 적다.

83.
SNS 사진 필터하기

SNS에 올리는 사진에 필터를 써서 편집해 올리는 사람과 그냥 올리는 사람이 있다.

그냥 올린다

자기를 위한 기록 용도로 SNS를 이용하는 사람이다.
사진에 대한 타인의 반응에 크게 신경 쓰지 않는다.

필터를 쓴다

자기를 위한 기록 용도보다 타인에게 보이기 위해 SNS를 하는 사람이다.
사진 한 장을 올리더라도 타인의 공감을 얻기 위해 노력한다.

84.
SNS 사진 분위기

인스타그램이나 페이스북, 트위터에 올리는
사진 분위기도 저마다 다르다.
이와 관련된 연구도 있다.

선명한 사진이 많다
성실하고 효율적이며
계획성이 뛰어나다.
성공을 위해 열심히
노력하며 자기통제력이
강하다.

초록색, 파란색이 많다
말이 많은 편이고 에너지가
넘치며 항상 바쁘게 지낸다.
열정적이고 자기주장이 강하며
쉽게 지루함을 느낀다.
타인과의 교류를 통해
희열을 느낀다.

붉은색, 주황색이 많다

새로운 아이디어를
적용해보는 걸 좋아한다.
공상을 좋아하고
독창적이며 호기심이 많다.
감성적인 성향이 강하고
자기감정에 예민하다.

밝은 톤의 사진이 많다

우울하거나 불안하고
근심 걱정이 많다.
감정 기복이 심하고
작은 일에 쉽게 동요한다.
공정한 대우를 받지 못하면
분노하곤 한다.
타인의 말에 예민하다.

185

85.
사진 찍을 때

눈은 자기 생각, 욕구, 행동을 판단하는 내부 검열자, 즉 초자아를 상징한다.
사진 찍을 때의 시선 위치는 자기를 보는 태도를 나타낸다.

화면에 비친 자기를 응시한다
자기 마음을 똑바로 쳐다볼 수 있는
자기애가 강한 사람이다.
외모뿐 아니라 내면에 대한 자신감을
갖고 있기에 심리적인 여유가 있다.

다른 곳을 응시한다

외모에 대한 자신감보다 내면을 있는
그대로 바라볼 자신이 없는 사람이다.
심리적으로 불안하고 소극적이며
콤플렉스가 있을 수도 있다.

86.
셀카 찍기

셀카를 찍는 각도와 표정 그리고
사진 찍는 장소의 노출 여부에 따라 그 사람의 성격을 유추해볼 수 있다.

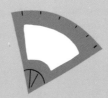

카메라를 낮춰서 찍는다
셀카에 찍힌 자기 모습을 긍정적으로
평가하는 경향이 있다.

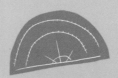

입술을 내밀고 찍는다

우울하거나 불안한 심리 상태에 있다.

사진 찍은 장소를 밝히지 않는다

프라이버시를 중시하고
매사 신중하고 성실한 편이다.

87

오디오 선택하기

경제적인 부담이 되더라도
최신 LED TV와 최고급 오디오를 즐기는 사람이 있다.
반면에 같은 사양이라면 가격 대비 성능이 좋은
오디오를 즐기는 사람이 있다.

하이엔드 오디오

검소한 것보다 스스로 만족하는 데서 희열을 느끼는 사람이다.
이를 통해 불안이나 근심 걱정을 완전히 떨쳐낸다.
물건이 일종의 감정 조절 장치인 셈이다.

가성비 오디오

검소하고 알뜰하다는 것에 자부심을 느끼는 사람이다.
자기만족보다 실용성과 합리성을 중시하고
자기통제력이 강한 편이다.

SALE

88.
TV 채널 바꾸기

한군데 고정한다

현재의 삶에 어느 정도 만족하고 있을 수도 있고
반대로 회피하고 싶은 현실적인 문제가 있을 수도 있다.
고정한 채널이 평소 전혀 관심 없던 분야라면 더욱 그렇다.
현실을 회피할 수 있다면 뭐든 괜찮기에 채널을 쉽게 고정한다.

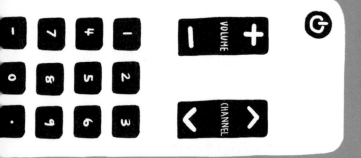

계속 바꾼다

일상에서 뭔가에 대해 욕구불만일 수 있다.
어느 채널을 봐도 쉽게 몰입되지 않고 재미가 없기에
새로운 자극을 찾기 위해 계속 채널을 바꾼다.
하지만 어느 채널에도 몰입되지 않아 불만만 쌓여간다.
자기가 원하는 걸 이해하기 위해
TV 화면이 아니라 마음을 들여다볼 필요가 있다.

89.
자동차 교체하기

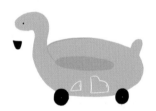

주기적으로 바꾼다

변덕이 심하고 감정 기복이 크며 심리적으로 불안정한 사람이다.
쉽게 결정하는 만큼 쉽게 싫증을 내고 어떤 선택이든 오래가지 못한다.
소유한 물건뿐 아니라 이성관계나 인간관계에도
같은 패턴이 반복될 수 있다.

한번 사면 오래 탄다

차는 운송수단일 뿐, 그 이상의 의미를 부여하지 않는 사람일 수도 있고
차를 자기와 동일시할 정도로 소중히 여긴 나머지
최대한 오래도록 소유하고 싶어 하는 사람일 수도 있다.

90.
세차하기

자동차는 심리적으로 자기 자신을 상징한다.

정기적으로 한다

자기관리가 철저하고 깔끔한 성격의 소유자이지만
한편으로 더럽거나 지저분한 걸 못 견디는 예민한 사람일 수도 있다.
계획한 대로 실행하는 걸 좋아하지만
융통성이 없고 경직된 사고 때문에 주변 사람들이 힘들어한다.

마음 내킬 때 한다

기분 상태에 따라 일을 처리하는 기분파다.
반복되는 일상에 쉽게 지루함을 느낀다.
변화에 발 빠르게 대처하고 유연한 태도를 보인다.

91.
주차하기

주차 공간에 신경 쓰는 이유는
옆 차를 건드리는 '문콕' 방지도 있지만
자기만의 공간을 사수하고
싶다는 의미도 있다.

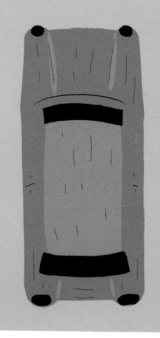

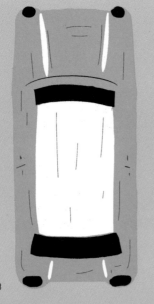

주차 공간이 넓을수록 좋다

평소에도 자기만의 공간을
사수하려는 성향이 강한 사람이다.
불필요한 에너지 소모가 많지만
자신에겐 그 이상의 가치가 있다.
심리적으로도 개인 영역을 소중히
여기기에 다소 차가워 보일 수 있다.

주차할 수만 있으면 족하다

타인과 공간을 공유하는 것에
대한 거부감이 적다.
심리적으로도 개인 영역을
침범하는 것에 크게 신경 쓰지 않고
주변 사람들과 거리낌 없이
어울릴 수 있다.

92.
운전하기

자동차 운전은 자기를 이끌어가는 행위를 상징한다.
평소 운전 습관에서 본능적 충동이나 정서의 통제 가능성을 엿볼 수 있다.

난폭 운전

자동차가 내뿜는 힘을 자기와 동일시하는 사람으로서
심리적으로 위축되어 있다.
평소 생각대로 일이 진행되지 않아 답답해하는 경우일 수도 있다.
행동의 제약을 받고 감정 표현이 부자연스러우며
배출구를 찾지 못해 억눌려 있다.

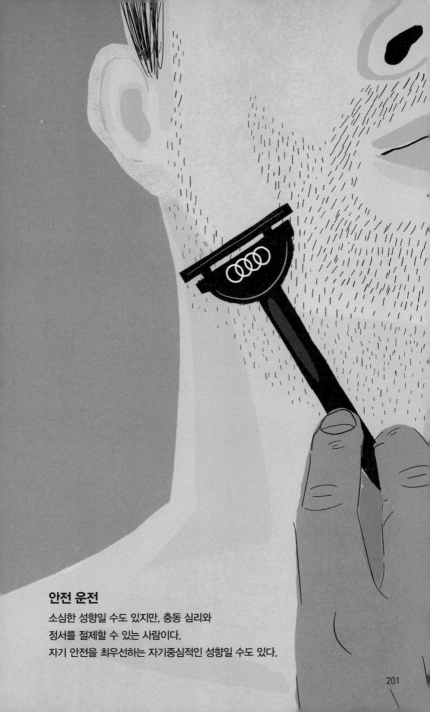

안전 운전

소심한 성향일 수도 있지만, 충동 심리와
정서를 절제할 수 있는 사람이다.
자기 안전을 최우선하는 자기중심적인 성향일 수도 있다.

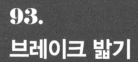

93.
브레이크 밟기

잦은 편이다
매우 조심하고 신중한 성향으로 항상
불안해하고 초조해하며 겁이 많은 사람이다.
작은 돌발 상황에서도 급정거를 한다.

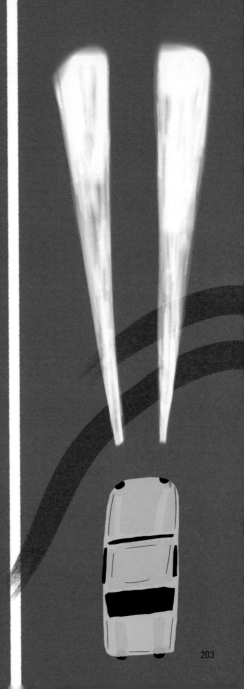

거의 없다

그만큼 속도 조절을 잘한다는 의미로,
침착하고 느긋한 성향이다.
성과지향적인 사람이라 속도 줄이기를
무의식적으로 거부하는 것일 수도 있다.

그대로 간다

차선을 바꾸려면 이것저것 신경 써야 하는 만큼
복잡한 걸 극도로 싫어하는 성향이다.
주변 사람들에게 심플한 사람 혹은 쿨한 사람이라 평가받기도 한다.
차선 변경의 유혹을 이겨낸다는 면에서
자기통제력이 뛰어난 사람일 수도 있다.

차선을 바꾼다

자기 차선이 아닌 다른 차선을 주시하는 만큼
평소에도 주변의 일에 관심이 많은 성향이다.
다른 사람과 함께 있는 걸 좋아하고
문제를 적극적으로 해결하려 하는 공격적인 면도 있다.

교통방송을 듣는다

스스로를 지적인 사람이라 여긴다.
자기만의 이익을 추구하고
주변 사람들과 어울리지 않는 외톨이일 가능성이 높다.

음악을 듣는다

사실 차선을 바꾸든 그대로 가든 대세에 큰 차이가 없는 경우가 많다.
그럴 때에 차라리 음악을 듣는 사람은 현명한 사람이기도 하다.
문제 자체에 연연하기보다 현실적인 즐거움을 택하는 사람이다.
타인에게 피해주지 않는 편이고 부드러운 성격의 소유자다.

3장

관계의 심리학

95.
사람들은 왜
겉과 속이 다를까?

겉과 속

이상적인 삶을 즐기는 것처럼 보이는 사람들이 종종 있다.
그런 사람들을 만나면 한편으로 대단해 보이고
다른 한편으로 '저 사람은 늘 한결같이 이상적인 모습일까?' 하는
의구심이 든다.
그러다가 조금이라도 부정적인 비밀을 발견하면
'역시, 저 사람도 똑같은 사람이었어'라며 자신을 위안한다.
늘 한결같이 이상적인 삶을 사는 사람이 있을까?
그보다 앞서 겉과 속이 다르다는 게 문제가 될까?

겉과 속이 같은 사람

사회는 구성원에게 각자의 위치에 맞는 역할을 기대한다.
인간은 사회적 동물이기에 이러한 사회의 기대를 무시할 순 없다.
인간 스스로도 사회의 기대에 걸맞은 인격을 형성하기 위해 노력한다.
이를 다른 말로 '페르소나'라 한다.
페르소나란 고대 그리스의 연극배우들이 쓴 가면을 말한다.
우리는 사회생활을 시작하는 것과 동시에 사회적 가면을 쓰고
그에 걸맞은 역할을 한다.
가면 속의 사람은 가면과는 전혀 다른 모습이다.
몇몇 사람들은 페르소나와 자기를 구분하지 못하고 그것에 사로잡힌다.
평소 마음속에 그려왔던 역할을 추구하며 그에 따라 자기를 바꿔나간다.
그리고 그런 자기 모습에 만족해한다.
어찌 보면 겉과 속이 완벽한 같은 사람처럼 보인다.

겉과 속이 다른 사람

'가면'이라 하면 얼핏 도덕적인 위선이 떠오르지만
페르소나라는 가면에는 그런 의미가 포함되어 있지 않다.
부정적인 의미의 '겉과 속이 다른' 사람도 있다.
알고 있는 지식을 줄줄 외면서 정작 자기는 그렇게 행동하지 않거나 혹은
사람들 앞에선 대범한 척 넘긴 일도 뒤에선 괴로워하는 사람이 대표적인 예다.

자정 작용

사회 구성원으로서 기대되는 사회적 인격에 불과한 페르소나에
자기 인격을 맞춰나가는 건 처음 얼마간은 가능하다.
하지만 이러한 오버페이스가 계속되면 페르소나가 점점 팽창하고
내면의 소리에 소홀하게 되어 결국 문제가 발생한다.
자기 본성을 무시하고 자기를 사회적 역할과 동일시하다 보면
감춰진 본연의 무의식이 표출되어 거부 반응이 일어나기 때문이다.
살면서 종종 경험하는 감정 기복, 흥분, 불안,
집착, 우울, 무기력감 등이 그것이다.
이러한 증상들은 자기 본성과 괴리된 삶을 살고 있다는 일종의 위험 신호다.
사회를 향한 시선을 자기 내면으로 돌리는 자정 작용인 것이다.

자아 분열

페르소나가 계속 팽창하면 결국 풍선처럼 폭발하게 된다.
그 결과 페르소나의 인격과 자기 본성이 극단적으로 분열되어 표출될 수 있다.
이상적인 인격이 기대되는 종교인, 정치인, 연예인 들이
소위 '뒤로 호박씨 까는' 뉴스가 나오는 이유다.
본성을 억누르고 이상적인 역할에 자기를 억지로 끼워 맞추었지만
오히려 자아 분열이라는 결과를 낳은 셈이다.
인생은 누구에게나 버거운 짐이다. 이 사실을 인정하지 않고 무시하거나
참고 견디다 보면 결국에는 그 짐을 아예 놓아버리게 된다.

페르소나는 도구일 뿐

살면서 페르소나는 반드시 필요하다. 사회 구성원으로서 마땅히
다해야 할 도리, 책임, 의무, 규범 등을 지키려는 노력은 중요하다.
하지만 페르소나를 자기와 동일시하는 것도, 그 부담감이 커져
자아가 극단적으로 분열되는 것도 문제가 될 수 있다.
어떻게 해야 할까? 간단하다. 페르소나와 자기 본성을 구분하면 된다.
페르소나는 참다운 것, 즉 궁극적인 목적이 아니라는 점을
분명하게 인식해야 한다.
사회적 활동을 위해 필요한 도구일 뿐이다.

96.
부지런한 사람이
갑자기 게을러졌다?

의욕 저하와 우울감

기계가 인간을 대체하고 청년 실업이 사회문제로 대두되는 요즘
최저 임금 6000원 남짓을 받으며 편의점에서 밤샘하는 젊은 인생이 많다.
택배 배달원은 정해진 시간 내에 배달을 마치기 위해
핸즈프리를 귀에 달고 산다.
대체 인력은 많고 일자리는 적기에 마음은 바쁘고 몸은 고달프다.
학창 시절엔 매일같이 늦잠을 자던 사람도 새벽같이 일어나 하루를 시작한다.
그렇다고 바쁘게 사는 사람들만 있는 건 아니다.
일분일초를 아끼며 열심히 살던 사람들이
어느 순간 고무줄처럼 느슨해지곤 한다.
타고난 여유로운 사람, 타고난 게으른 사람도 있다.
하지만 열심히 살다가 어느 순간 평소와는 전혀 다른 모습을 보인다면
자기도 모르게 우울증을 앓고 있을 가능성이 크다.
우울과 불안이라는 우울증의 가장 흔한 감정들이 지속되면
생각과 행동에도 영향을 미치게 된다.

무엇이든 깊이 몰입하던 똑똑한 사람이 갑자기 멍해 보이거나
반대로 늘 에너지기 넘치던 사람이 축 쳐져 있는 것이다.
이는 근본적인 성격이 바뀐 게 아니라 우울증으로
몸과 마음의 에너지 수준이 떨어져 나타나는 일시적인 현상일 뿐이다.

가면증후군

민수 씨는 주변 사람들로부터 부지런하다는 평을 자주 듣는다.
직장에서 늘 분주한 모습으로 지내고,
퇴근 후엔 자기계발을 위해 다양한 활동을 한다.
학창 시절의 민수 씨라면 지금의 모습은 상상하기조차 힘들다.
어려서부터 게으르다는 얘기를 자주 들어온 민수 씨도
직장인이 되고 바뀐 자기 모습이 적응되지 않을 때가 많다.
민수 씨는 게으른 성격에서 부지런한 성격으로 바뀐 것일까?
민수 씨가 가진 에너지의 근원은 부지런한 성격이 아니라 불안에서 비롯되었다.
그는 입사 초기부터 동료들에 비해 자기 업무 능력이 떨어진다고 생각해왔다.
학창 시절에 성적이 좋지 못했는데 운 좋게 시험을 잘 봐서
좋은 대학에 들어갔고, 시기를 잘 맞추어 대기업에 취직했다고 생각했다.
지금의 자리는 온전히 자기 능력으로 오른 게 아니라는 생각이
마음속 깊이 자리하고 있었다.
현실에 안주해 적당히 일한다면 어떤 불행한 일이
닥칠지 모른다고 생각하니 자꾸 조바심이 났다.
그래서 일부러 빡빡한 일정을 소화하면서
자기계발을 위해 노력하는 것이다.

자기 본성의 이해

사람이 게으르고 부지런해 보이는 것 자체는 그다지 중요하지 않다.
중요한 건 자기 본성을 이해하고
현재의 에너지 수준을 있는 그대로 인정하는 일이다.
원래 부지런한 사람도 우울감으로 인해 에너지 수준이 떨어지면
이전과는 전혀 다른 모습을 보일 수밖에 없다.
그럴 때엔 평소 에너지 수준을 회복하기 위해 주변에
적극적으로 도움을 요청해야 한다.
반면에 불안감으로 인해 무리하게 되면 체력적으로 방전되는 순간이 온다.
그것이 심리적 방전으로 이어져 짜증과 분노 등이
수시로 표출되고 결국 모든 걸 내려놓게 된다.
부지런하다고 해서 잘사는 게 아니고 게으르다고 해서 못 사는 게 아니다.
자기 성향과 현재 삶의 모습을 돌아보는 기회를 가질 필요가 있다.

97.
외향적인 성격이
내향적인 성격보다 좋다?

외향성과 내향성의 차이

심리 테스트에서 내향적인 성격이라 나오면 왠지 위축되고
외향적인 성격이라 나오면 왠지 우쭐한 마음이 든다.
보통 내향적인 사람은 조용하고 사회성이 부족하고
외향적인 사람은 활발하고 사교적이라 생각한다.
하지만 외향적이고 내향적인 건 좋고 나쁨을 가릴 수 없고
생각하고 행동하는 관점 차이에 따라 구분할 수 있을 뿐이다.
외향적인 사람은 타인과 세상사에 관심이 많기에 사회생활에 능하다.
타인이 관심을 갖는 주제에 덩달아 관심을 갖고 다수 의견에 따른다.
하지만 자기 마음에 대한 관심이 상대적으로 적고
자아성찰의 시간이 절대적으로 부족하다.
반면에 내향적인 사람은 타인과 세상사보다 자기 마음에 대해
더 많은 관심을 갖는다.
세간에 화제가 되는 사건에 무관심하고 자기 삶을 우선으로 여긴다.
그만큼 타인이나 세상사를 소홀히 여길 소지도 있다. 좋게 말하면 줏대가 있다.

이처럼 외향적인 성격과 내향적인 성격은 각각 장단점이 있다.
반대 성향을 가진 사람과 조화롭게 지낸다면
좀 더 풍요로운 삶을 누릴 수 있다.
이것이 말처럼 쉽지 않은 이유는 무엇일까?
그러한 사실을 인정한다 하더라도 반대 성향을 가진 사람과
부딪힐 때면 감정 조절을 하기가 쉽지 않기 때문이다.

반대 성향을 싫어하는 이유

외향적인 사람은 내향적인 면이 억압되고 무의식 속에 머물러 있다.
그 결과 내향적인 면이 더 이상 발달하지 못한 채 미숙한 상태로 남아 있다.
무의식적으로 자기 안에 있는 내향적인 면에 대해 위축된 나머지
그런 면이 수면 위로 떠오를 때면 자기 일부분으로 인정하지 못하게 된다.
이러한 성향이 타인에게 투사하여 내향적인 사람과 부딪힐 경우
상대를 자기만 아는 사람이라는 식으로 부정적으로 판단하게 된다.
그리고 내향적인 사람을 고집불통에 융통성이 없는 사람이라 비난한다.
반대로 내향적인 사람은 외향적인 면이 억압되고 무의식 속에 머물러 있다.
의식적으로 노력하지 않는 한 외향적인 면이 더 이상 발달하지 못하게 된다.
그러다 보면 무의식 속에 어느 정도 갖고 있기 마련인
자신의 외향적인 면에 대해 열등한 태도를 보이게 된다.
이러한 부분을 스스로 인식할 만한 기회가 생길 때면
어김없이 다른 사람에게 투사한다.
외향적인 사람에 대해 불편한 마음을 갖는 것이다.
외향적인 사람은 가볍고 지조 없으며
적어도 마음속으로 기회주의자라고 공격한다.

두 얼굴의 사람들

대다수 사람들은 외향성과 내향성이 칼로 자르듯 구분되지 않으며
두 가지 면을 모두 갖고 있다.
좀 더 우세한 면이 그 사람의 전체 성향으로 보이는 것뿐이다.
하지만 우세한 면에 자기뿐 아니라 타인도 집중하기 때문에
반대편의 열등한 면이 드러날 때마다 심리적 갈등이 일어난다.
그렇다고 열등한 면을 숨기고 억누르면 그로 인한 심리적 갈등은 점점 커진다.
무의식과의 소통이 단절되고, 무의식 속에 쌓인 에너지가 의식으로 드러나
통제 불가능할 정도로 감정적 어려움을 겪게 된다.
한 예로, 외향적인 면이 우세한 사람이 열정적으로 일하다가
몸과 마음의 에너지가 소진되어 우울증에 걸리면
그렇지 않은 경우보다 더 큰 상실감을 경험한다.
그런 일을 경험한 뒤에는 더 힘들게 반대 노선으로 치우치게 된다.
이전의 외향적인 모습은 찾아보기 힘들고
내향적인 면을 추구하는 극단으로 치닫는다.
외향성과 내향성 중 우세한 면에 지나치게 집착해
반대되는 면을 억압해선 안 된다.
평소 성향을 인정하고 열등한 면을 인식하는 노력이 필요하다.
무의식적으로 다른 사람에게 투사하는 상황에서 심리적 갈등을 겪는 건
자기에게도 그다지 즐거운 일이 아니다.
하지만 자기 성향 중 열등한 면을 발견하는 기회가 될 수 있다.
억누르고 싶은 자기 성향을 외면하기보다 내면을
성찰하는 기회로 삼을 필요가 있다.
인간관계에서 경험하는 복잡한 마음이 조금씩 정리되고
삶이 풍요로워질 것이다.

98.
나는 왜 인간관계에
서툴까?

인간관계는 시소게임

원만한 인간관계를 위해선 상대에 대한 이해와 배려가 중요하다.
상대를 이해하고 배려할수록 그 사람에게 호감을 살 수 있다.
인간관계는 말 그대로 자기와 상대의 상호 관계이지
오롯이 상대만의 것이 아니다.
그렇기 때문에 마치 시소와 같이 상대의 호감을 사려 할수록
그만큼 자기 마음은 불편해질 수 있다.
불편한 마음의 이면을 들여다보면 '내가 이만큼 해줬으니
너도 이만큼 해주겠지'라고 기대하는 마음과
그렇지 못했을 때의 서운한 마음이 공존한다.
이러한 이유로 타인을 이해하고 배려하는 것 이상으로
자기 마음에 대한 이해와 배려가 필요하다.

자기에 대한 이해가 먼저

사회생활에서 상대에 대한 이해와 배려는 매우 중요하다.
사람들은 누군가가 자기를 이해해주길 바라거나
혹은 누군가를 이해하려 노력한다.
정작 중요한 건 자기에 대한 이해인데도 말이다.
자기 생각과 감정을 명확하게 인식하고 수용하지 않은 상태에선
타인의 생각과 감정을 객관적으로 볼 수도 받아들일 수도 없다.

타인이 이해해주길
바라는 사람

과하다 싶을 정도로 타인이 이해해주길 바라는 사람들의 속마음은 무엇일까?
블로거처럼 일거수일투족을 공개하려면 많은 에너지가 필요하다.
그러한 에너지의 근원은 심리적 동기에서 찾아볼 수 있는데
타인이 이해해주길 바라는 마음이 그것이다.
이는 원하는 만큼 충분하게 사랑받지 못한 데서 오는
박탈감과 열등감 그리고 그에 대한 보상 심리에서 기인한다.
하지만 기대가 클수록 실망할 일이 많고
그때마다 소심해지고 상처를 받게 된다.
상처받지 않기 위해 기대감을 숨기기도 하지만
타인이 이해해주길 바라는 마음은 점점 커진다.
그럴수록 타인이 자기를 이해해주지 않는다고 여길 소지가 커진다.
그 결과 더 많이 상처받게 되고 더 크게 위축되는 악순환이 반복되는 것이다.

타인을 이해하고
싶어 하는 사람

남의 이야기가 궁금하고 남의 말을 하고 싶어 못 견디는 사람들이 있다.
이러한 사람들은 남의 이야기를 하면서 그 사람을 은근히 비난한다.
소위 험담을 하는데, 이를 누군가가 자신과 맞지 않은 이유를 찾아
그 사람을 이해하려는 행위로 치부하긴 힘들다.
상대에게 원인이 있는 건 아니기 때문이다.
오히려 가십거리가 되는 사람의 행동이나 이야기가
자기와 직접적인 연관이 있거나
혹은 숨기고 싶은 자기 속마음을 떠올리게 하기 때문인 경우가 더 많다.
그렇게 남에게 집중하면서 자기 마음을 들여다보기를 회피하는 것이다.
자기를 이해하지 못하면 남을 이해할 수 없게 되고
자기 내면의 갈등을 해결하기 위해 상대를 비난하게 된다.

성숙한 인간관계의 조건

타인이 이해해주기를 바라는 사람과 타인을 이해하고 싶어 하는 사람의
공통점은 자기 가치와 존재에 대한 이해가 부족하다는 것이다.
타인이 이해해주길 바랄 때와 타인을 이해하고 싶어 할 때
모두 자기를 이해해야 할 순간이다.
아이러니하게도 인간관계가 꼬일수록
오히려 인간관계로부터 자유로워져야 한다.
타인의 시선과 평가가 아니라 자기를 이해해달라는 내면의 소리에
귀 기울일 필요가 있다.
자기 내면에 집중하는 건 심리적 건강을 위해,
성숙한 인간이 되기 위해 반드시 필요하다.

99.
콤플렉스 없는 사람이
과연 있을까?

감정을 자극하는
마음속 응어리

지인의 결혼식에서 신상 명품백을 든 친구를 만난다면 기분이 어떨까?
피부며 몸매며 완벽하게 관리를 받은 친구를 만난다면 기분이 어떨까?
왠지 불편하고 그 친구를 비난하고 싶어진다. 부러우면 지는 거니까.
사람의 감정을 자극하는 마음속 응어리를 콤플렉스라 한다.
콤플렉스는 그 에너지가 굉장하기에
그것이 자극되면 격렬한 감정 반응을 일으키게 된다.
흔히 사람들은 콤플렉스를 작은 키, 학벌 등과 같이
약점이나 열등감으로 치부한다.
하지만 콤플렉스는 부정적인 감정뿐 아니라
다른 모든 감정 반응을 일으킬 수 있다.
우월감, 즐거움, 행복, 분노, 공포 등 모든 감정이 가능하다.
콤플렉스란 글자 그대로 여러 가지 정신적인 것들이
감정으로 뭉친 것이기 때문이다.

콤플렉스가 많은 사람

콤플렉스가 부정적인 감정만을 일컫는 감정이 아닌데도 불구하고
부정적인 감정과 관련된 콤플렉스를 자주 보이는 사람들이 있다.
원하는 학벌을 얻지 못할 때, 이상형을 만나지 못할 때,
꿈꾸던 경제적 상황이 아닐 때,
외모가 볼품없다고 여겨질 때, 인간관계에 서툴다고 생각될 때
우리는 부정적인 감정을 경험하고 그걸 자기 콤플렉스라 여긴다.
이러한 것들이 약점이라 여겨짐과 동시에 열등감으로 작용해
스스로를 괴롭히는 것이다.
그러한 경험들을 바탕으로 이런저런 부분들을
자기 콤플렉스라 여기고 타인에게 공개한다.
자기를 인정하는 대범한 성격의 소유자처럼 보이지만
그러한 사람을 대하는 상대는 대범하게 반응하기 힘들다는 게 함정이다.

콤플렉스가 없는 사람

반대로 콤플렉스가 전혀 없어 보이는 사람도 있다.
좀 더 정확하게 말하면 마음속 응어리가 있는데 인식하지 못한 나머지
자기는 물론 타인에게도 콤플렉스가 없어 보이는 사람일 가능성이 크다.
집안도 직장도 학벌도 탄탄하고
남부러워 할 만한 외모를 지닌 사람은 늘 눈에 띈다.
모든 걸 다 가졌으니 콤플렉스라고는 전혀 없을 것 같다.
늘 여유로워 보이고 더 이상 바랄 게 없을 것처럼 생각된다.
하지만 그러한 사람과 관계를 지속하다 보면
처음에는 몰랐던 왠지 모를 불편함이 느껴진다.
분명 콤플렉스가 없는 사람인데 결코 편안해 보이지 않는다.
그 이유는 무엇일까?

부러워할 줄 모르면 지는 것

콤플렉스는 많든 적든 존재 그 자체는 전혀 문제되지 않는다.
다만 스스로 인지하지 못하거나 무시할 때에 문제가 되는 것이다.
부러우면 지는 게 아니라 부러워한다는 걸 모르면 지는 것이다.
스스로도 인지할 수 없는 콤플렉스가 숨겨져 있으면
감정적으로 문제를 일으키는 순간에 의식적으로 통제할 수 없기 때문이다.
콤플렉스가 오랫동안 무의식에 갇혀 있으면
그 에너지가 점점 강해져 의식을 자극하는 일이
자주 일어나게 되고, 결국에는 우울, 불안, 분노, 신체화 등의
신경증적 증상을 일으키게 된다.
콤플렉스로 인한 이러한 부정적인 영향을 줄이려면,
콤플렉스를 더 이상 외면하지 않고
의식적으로 인지하는 노력이 필요하다.

콤플렉스를 모르는 사람

"나는 이러한 콤플렉스가 있어요"라고 말하는 사람들은
처음에는 매우 겸손해 보인다.
하지만 그러한 사람들과 많은 시간을 함께하다 보면
왠지 모르게 마음이 편치 않다.
그 이유는 인간관계에 있어서 스스로 방어막을 치는 말을
자주 내뱉기 때문이다.
"나는 내 콤플렉스에 대해 이야기하면

감정적으로 힘들어지니 미리 조심해달라"는
일종의 경고인 셈이다. 사실 대놓고 말하는 콤플렉스는
그다지 중요한 콤플렉스가 아닐 수 있다.
정말 알아야 할 의미 있는 콤플렉스를 외면하기 위해
표면적인 콤플렉스로 위장하는 것일 수 있다.
누구에게나 있을 법한 콤플렉스를 나열하며 숨기고 싶은
자기 무의식을 포장하는 것이다.
그러다 보면 무의식을 인지하기가 점점 어려워지고
성숙과는 거리가 멀어지기 마련이다.
잠시나마 콤플렉스로부터 편해지기 위해 표면적인 콤플렉스를 앞세워
중무장을 하지만 진짜 이면의 콤플렉스는
그만큼 다가가기가 어렵고 감정적으로 여전히 힘들게 된다.

콤플렉스를 외면하는 사람

지나치게 완벽해서 콤플렉스가 전혀 없어 보이는 사람이
결코 편안해 보이지 않기도 하다.
콤플렉스가 마음속 깊은 곳에 자리하고 있어 드러나지 않았을 뿐,
은연중에 말과 행동으로 무의식의 갈등이 표출되고 있기 때문이다.
감정적인 갈등으로부터 격리되어 일시적인 편안한 마음을 갖기 위해
자기 허물을 타인의 탓으로 돌리는 현상을 '투사'라고 한다.
프로이드가 주창한 개념을 좁은 의미의 투사라 한다면,
무의식에 있는 건 뭐든지 밖으로 투사될 수 있다고 말한 융의 개념은
넓은 의미의 투사다.
융의 관점에서 보면 투사란 문제라기보다
보편적인 심리 현상인 것이다.

살면서 경험하는 좋고 싫은 감정과 생각의 많은 부분은
알고 보면 마음으로부터 기인한다.
자기가 갖고 있으면서도 알 수 없는 마음의 한 부분이 투사되면
마치 자기가 아닌 타인에게 있는 것처럼 여겨지기 때문이다.

경제적, 직업적, 사회적으로 완벽해 콤플렉스가 '없던' 미영 씨가 떠오른다.
그녀는 어린 시절 부모님이 자주 싸우다 이혼하는 바람에
새어머니의 손에 자랐다.
미영 씨는 어린 나이에 설명하기 힘든 복잡한 감정을 경험했지만,
두 명의 어머니에게 좋은 모습을 보이려 노력하면서
괴로움이라는 감정을 스스로 외면했다.
어머니가 두 명이라 오히려 더 좋다고 스스로 합리화하기도 했다.
해결되지 않은 감정적 갈등은 나중에 이성관계에서 드러났다.
남자친구와 조금이라도 소원해지는 것을 견디지 못하고
그때마다 예민하게 굴었던 것이다.
남자친구의 일거수일투족을 파악하고 있어야 함은
물론 자기와 공유하지 않는 부분을 용납하지 못했다.
그런 식으로 다툴 때마다 감정적으로 매우 힘들었지만
모든 걸 남자친구 탓으로 돌렸다.
그것이 자기 콤플렉스와 관련되어 있다는 점을
인식하지 못했던 것이다.
그녀는 콤플렉스는 '없었지만' 콤플렉스로 인해 괴로웠다.
콤플렉스를 파악하지 못하고 콤플렉스에 압도된 것이다.

콤플렉스에 다가가기

콤플렉스는 모든 사람에게 있고 또 있어야 하는 감정이다.
그러한 의미에서 콤플렉스를 해소하고 의식화하고
이해하는 노력이 매우 중요하다.
융은 "사람들은 자기가 어떤 콤플렉스를 갖고 있는지 안다.
그러나 콤플렉스가 그를 갖고 있음은 모른다"라고 말했다.
나는 내가 가장 잘 알고 내 콤플렉스도 충분히 인지하고 있다고 단정하고
더 이상 알려고 하지 않거나 혹은 두려운 나머지 외면하기보다
끊임없이 알아가려는 노력이 인격 성장에 도움이 된다.
알려고 노력하더라도 제대로 알기 힘든 게 무의식이고 콤플렉스다.
어떻게 해야 무의식에 숨겨진 콤플렉스에 좀 더 가까이 다가갈 수 있을까?
누구나 인간관계에서 심리적 갈등을 경험한다.
이처럼 인간관계에서 투사 현상이
수시로 나타나기에 감정의 기복을 경험하게 된다.
한편으로 이러한 투사 현상이 무의식에
숨겨둔 콤플렉스를 파악할 수 있는 기회가 되기도 한다.
투사되지 않고 무의식 속에 숨겨져 있을 땐 그 내용을 알기 어렵기 때문이다.
그렇기 때문에 오히려 투사된 무의식을 인식하고 타인에게 투사된 마음을
다시 자기에게로 되돌리는 일이 중요하다.
어떤 사람에 대해 미움이나 호감 등 강렬한 감정을 느낄 때에,
그 사람에게 집착하여 빠져 나오지 못할 때에
그리고 도대체 내가 왜 그러는지를 알 수 없을 때에
자기 무의식을 투사하고 있을 가능성이 크다.

누군가를 맹렬히 비난하고 싶어질 때에,
반대로 누군가를 매우 칭찬하고 싶어질 때에
무의식 속에 가둬둔 콤플렉스가 투사되는 게 아닌지를 생각해봐야 한다.
그러한 기회를 통해 조금씩 자기 마음을 알아가는 것이야말로
성숙한 사람이 되는 방법이다.

물건 속에 감춰진 마음의 단서
너의 속이 궁금해

1판 1쇄 발행 2016년 7월 14일 **1판 2쇄 발행** 2016년 8월 10일

글 정우열
그림 안다연

발행인 양원석 **책임편집** 송상미 **디자인** RHK 디자인연구소 남미현, 김미선 **해외저작권** 황지현
제작 문태일 **영업마케팅** 이영인, 양근모, 박민범, 이주형, 김민수, 장현기, 이선미

펴낸 곳 ㈜알에이치코리아 **주소** 서울시 금천구 가산디지털2로 53, 20층 (가산동, 한라시그마밸리)
편집문의 02-6443-8878 **구입문의** 02-6443-8838 **홈페이지** http://rhk.co.kr
등록 2004년 1월 15일 제2-3726호 **ISBN** 978-89-255-5966-7 (03180)

※ 이 책은 ㈜알에이치코리아가 저작권자와의 계약에 따라 발행한 것이므로
   본사의 서면 허락 없이는 어떠한 형태나 수단으로도 이 책의 내용을 이용하지 못합니다.
※ 잘못된 책은 구입하신 서점에서 바꾸어 드립니다.
※ 책값은 뒤표지에 있습니다.